메넥세노스

메넥세노스

플라톤

이정호 옮김

아카넷

정암고전총서는 윤독의 과정을 거쳐 책을 펴냅니다.
아래의 정암학당 연구원들이 『메넥세노스』 원고를 함께 읽고
번역에 도움을 주셨습니다.
김인곤, 이기백, 정준영, 강철웅, 김주일, 이선주.

'정암고전총서'를 펴내며

그리스·로마 고전은 서양 지성사의 뿌리이며 지혜의 보고이다. 그러나 이를 우리말로 직접 읽고 검토할 수 있는 원전 번역은 여전히 드물다. 이런 탓에 우리는 서양 사람들의 해석을 수동적으로 수용하는 처지를 완전히 극복하지 못하고 있다. 사상의 수입은 있지만 우리 자신의 사유는 결여된 불균형의 문제를 안고 있는 것이다. 이런 상황은 우리의 삶과 현실을 서양의 문화유산과 연관 지어 사색하고자 할 때 특히 심각한 문제를 야기한다. 우리 자신이 부닥친 문제를 자기 사유 없이 남의 사유를 통해 이해하거나 해결하는 것은 거의 불가능하기 때문이다. 우리의 문제에 대한 인문학적 대안들이 때로는 현실을 적확하게 꼬집지 못하는 공허한 메아리로 들리는 것도 그런 이유 때문일 것이다.

한 공동체에서 살아가는 사람들이 자신들의 생각과 말을 나누며 함께 고민하는 문제와 만날 때 인문학은 진정한 울림이 있는 메아리가 될 수 있다. 이것은 우리가 우리의 현실을 함께 고민하는 문제의식을 공유함으로써 가능하겠지만, 그조차도 함께 사유할 수 있는 텍스트가 없다면 요원한 일일 것이다. 사유를 공유할 텍스트가 없을 때는 앎과 말과 함이 분열될 위험에 노출될 수 있기 때문이다. 이런 점에서 진정한 인문학적 탐색은 삶의 현실이라는 텍스트, 그리고 생각을 나눌 수 있는 문헌 텍스트와 만나는 이중의 노력에 의해 가능할 것이다.

현재 한국의 인문학적 상황은 기묘한 이중성을 보이고 있다. 대학 강단의 인문학은 시들어 가고 있는 반면 대중 사회의 인문학은 뜨거운 열풍이 불어 마치 중흥기를 맞이한 듯하다. 그러나 현재의 대중 인문학은 비판적으로 사유하는 인문학이 되지 못하고 자신의 삶을 합리화하는 도구로 전락하는 경향이 없지 않다. 사유 없는 인문학은 대중의 욕망을 충족시키기 위해 소비되는 상품에 지나지 않는다. '정암고전총서' 기획은 이와 같은 한계상황을 극복할 수 있는 기본적인 토대를 마련하고자 하는 절실한 문제의식에서 시작되었다.

정암학당은 철학과 문학을 아우르는 서양 고전 문헌의 연구와 번역을 목표로 2000년 임의 학술 단체로 출범하였다. 그리고 그 첫 열매로 서양 고전 철학의 시원이라 할 『소크라테스 이전 철학자들의 단편 선집』을 2005년도에 펴냈다. 2008년에는 비영리 공익법인의 자격을 갖는 공적인 학술 단체의 면모를 갖추고 플라톤 원전 번역을 완결할 목표 아래 지금까지 20여 종에 이르는 플라톤 번역서를 내놓고 있다. 이제 '플라톤 전집' 완간을 눈앞에 두고 있는 시점에 정암학당은 지금까지의 시행착오를 밑거름 삼아 그리스·로마의 문사철 고전 문헌을 우리말로 옮기는 고전 번역 운동을 본격적으로 펼치려 한다.

정암학당의 번역 작업은 철저한 연구에 기반한 번역이 되도록 하기 위해 처음부터 공동 독회와 토론을 통해 이루어진다. 번역 초고를 여러 번에 걸쳐 교열·비평하는 공동 독회 세미나를 수행하여 이를 기초로 옮긴이가 최종 수정하는 방식으로 진행된다. 이같이 공동 독회를 통해 번역서를 출간하는 방식은 서양에서도 유래를 찾기 어려운 번역 시스템이다. 공동 독회를 통한 번역은 매우 더디고 고통스러운 작업이지만, 우리는 이 같은 체계적인 비평의 과정을 거칠 때 믿고 읽을 수 있는 텍스트가 탄생할 수 있다고 확신한다. 이런 번역 시스템 때문에 모든 '정암고전총서'에는 공동 윤독자를 병기하기로 한다. 그러나 윤독자들의 비판을 수용할지 여부는 결국 옮긴이가 결정한다는 점에서 번역의 최종 책임은 어디까지나 옮긴이에게 있다. 따라서 공동 윤독에 의한 비판의 과정을 거치되 옮긴이들의 창조적 연구 역량이 자유롭게 발휘될 수 있도록 노력하였다.

정암학당은 앞으로 세부 전공 연구자들이 각각의 연구팀을 이루어 연구와 번역을 병행함으로써 아리스토텔레스 철학 원전, 키케로 전집, 헬레니즘 선집 등의 번역본을 출간할 계획이다. 그리고 이렇게 출간될 번역본에 대한 대중 강연을 마련하여 시민들과 함께 호흡할 수 있는 장을 열어 나갈 것이다. 공익법인인 정암학당은 전적으로 회원들의 후원으로 유지된다는 점에서 '정암고전총서'는 연구자들의 의지뿐만 아니라 시민들의 소중한 뜻이 모여 세상 밖에 나올 수 있는 셈이다. 이런 점에서 '정암고전총서'가 일종의 고전 번역 운동으로 자리매김되길 기대한다.

'정암고전총서'를 시작하는 이 시점에 두려운 마음이 없지 않으나, 이런 노력이 서양 고전 연구의 디딤돌이 될 것이라는 희망, 그리고 새로운 독자들과 만나 새로운 사유의 향연이 펼쳐질 수 있으리라는 기대감 또한 적지 않다. 어려운 출판 여건에도 '정암고전총서' 출간의 큰 결단을 내린 아카넷 김정호 대표에게 경의와 감사의 뜻을 전한다. 끝으로 정암학당의 기틀을 마련했을 뿐만 아니라 앎과 실천이 일치된 삶의 본을 보여 주신 이정호 선생님께 존경의 마음을 표한다. 그 큰 뜻이 이어질 수 있도록 앞으로도 치열한 연구와 좋은 번역을 내놓는 노력을 다할 것이다.

2018년 11월
정암학당 연구자 일동

'정암학당 플라톤 전집'을 새롭게 펴내며

플라톤의 사상과 철학은 서양 사상의 뿌리이자 서양 문화가 이루어 온 지적 성취들의 모태가 되었다는 점에서 큰 의미를 지니고 있다. 특히 그의 작품들 대부분은 풍성하고도 심오한 철학적 문제의식을 담고 있을 뿐만 아니라 생동감 넘치는 대화 형식으로 쓰여 있어서, 오늘날까지 많은 사람이 최고의 철학 고전이자 문학사에 길이 남을 걸작으로 손꼽고 있다. 화이트헤드는 '유럽철학의 전통은 플라톤에 대한 일련의 각주'라고까지 하지 않았던가.

정암학당은 플라톤의 작품 전체를 우리말로 공유할 수 있도록 하자는 취지에서 뜻있는 학자들이 모여 2000년에 문을 열었다. 그 이래로 플라톤의 작품들을 함께 읽고 번역하는 데 매달려 왔다. 정암학당의 연구자들은 애초부터 공동 탐구의 작업 방식을 취해 왔으며, 이에 따라 공동 독회와 토론을 통해 텍스트를 이해하는 노력을 기울여 왔고, 초고를 여러 번에 걸쳐 교열·비평하는 수고 또한 마다하지 않았다. 2007년에 『뤼시스』를 비롯한 3종의 번역서를 낸 이후 지금까지 출간된 정암학당 플라톤 번역서들은 모두 이 같은 작업 방식으로 이루어진 성과물들이다.

정암학당의 이러한 작업 방식 때문에 번역 텍스트를 출간하는데 출판사 쪽의 애로가 없지 않았다. 그동안 출판을 맡아 준 이제이북스는 어려운 여건에서도 플라톤 전집 출간의 의미를 이해하고 전집 출간 사업에 동참하여 많은 노력을 기울여 주었다. 그 결과 2007년부터 2018년까지 20여 종의 플라톤 전집 번역서가 출간되었다. 그러나 최근 이제이북스의 여러 사정으로 인해 전집 출간을 마무리하기가 어려워졌다. 정암학당은 플라톤 전집 출간을 이제이북스와 완결하지 못하게 된 것에 대해 아쉬움을 표하는 동시에 그동안의 노고에 고마움을 전한다.

정암학당은 이 기회에 플라톤 전집의 번역과 출간 체계를 전반적으로 정비하기로 했고, 이런 취지에서 '정암학당 플라톤 전집'을 '정암고전총서'에 포함시켜 아카넷 출판사를 통해 출간할 것이다. 아카넷은 정암학당이라는 학술 공간의 의미를 이해하고 '정암학당 플라톤 전집' 출간의 가치를 공감해 주었다. 여러 가지 측면에서 많은 어려움이 있었음에도 어려운 결단을 내린 아카넷 출판사에 감사를 표한다.

정암학당은 기존에 출간한 20여 종의 번역 텍스트를 '정암고전총서'에 편입시켜 앞으로 2년 동안 순차적으로 이전 출간할 예정이다. 그러나 이런 작업이 짧은 시간에 추진되었기 때문에 번역자들에게 전면적인 수정을 할 시간적 여유가 주어지지는 않았다. 따라서 아카넷 출판사로 이전 출간하는 플라톤 전집은 일부의 내용을 보완하고 오식을 수정하는 선에서 새로운 판형과 조판으로 출간한다. 이 점에 대해서는 독자들께 양해를 구한다. 정암학당은 출판사를 옮겨 출간하는 작업을 진행하는 동시에, 플라톤 전집 중 남아 있는 텍스트들에 대한 번역본 출간 시기도 앞당길 수 있도록 노력할 것이다. 그리하여 오랜 공동 연구의 결실인 '정암학당 플라톤 전집' 전체를 독자들이 조만간 음미할 수 있도록 최선을 다할 것이다.

끝으로 정암학당의 기반을 마련해 주신 고 정암(鼎巖) 이종건(李鍾健) 선생을 추모하며, 새 출판사에서 플라톤 전집을 완간하는 일에 박차를 가할 것을 다짐한다.

2019년 6월

정암학당 연구자 일동

차례

작품 내용 구분

* 〈 〉 안 숫자는 본문에 표시된 단락 번호.

등장인물

메넥세노스

메넥세노스는 이 대화편에서 소크라테스와는 연배 차이가 큰 청년으로 나오지만, 도입부 대화에서 볼 수 있듯이 소크라테스와 장난 섞인 대화를 나눌 정도로 매우 친근한 사이이다. 『파이돈』에서도 메넥세노스는 소크라테스가 죽음을 맞이하는 자리에 함께 있던 동료들 중 한 사람으로 등장한다(59b). 그리고 『뤼시스』에서는 크테십포스와 함께 소크라테스와 대화하는 어린 소년으로 나오는데 소크라테스로부터 매번 논박을 당하면서도 소크라테스와의 토론을 기꺼워하여 소크라테스로부터 "논쟁에 능한(eristikos)" 아이로 묘사되고 있다(211b-c). 이 대화편에서는 명문가 자제로서 철학과 교양 공부를 마친 후 좀 더 큰일에 마음을 쏟고 있는 18세가량의 젊은 정치 지망생으로 나온다.

소크라테스

이 작품의 작품 내 무대 설정 시기를 코린토스 전쟁 직후인 기원전 386년 안탈키다스 평화 조약 시기로 추정한다면, 소크라테스(기원전 469~399년)는 자신이 죽은 지 13년이 지난 후 이 작품에 출연한 것이 된다(『작품 해설』 참조). 이것은 이미 이 작품이 처음부터 허구로 쓰였다는 것을 말해 준다. 다만, 이 작품 내에서 설정된 등장인물 소크라테스는 도입부 메넥세노스와의 대화에서 짐작할 수 있듯이 대략 60~65세가량의 노인으로 추정된다.

일러두기

1. 전집 번역의 기준 판본으로 옥스퍼드 고전텍스트(OCT) 시리즈, 버넷판 『플라톤전집』(J. Burnet ed., *Platonis Opera*, 5 vols.)을 사용하였다.

2. 좌측과 우측 여백에 표기된 것(234a 등)은 플라톤 작품의 인용 기준으로 널리 확립된 이른바 '스테파누스판 『플라톤전집』(H. Stephanus, *Platonis Opera quae extant omnia*, 1578)'의 쪽수 및 단락 표시이다.

3. 원문은 장별로 구분이 되어 있지 않지만 독자들의 편의를 위해 전통적인 단락 구분을 좇아 내용을 22단락으로 나누어 순서대로 번호를 붙였다(예. ⟨5⟩ 등).

4. 버넷판 하단에는 사본 차이에 다른 독해 및 교정 관련 각주들이 기재돼 있지만 여기에서는 따로 설명하지 않았으며, 부분적으로 다른 판본이나 교정 부분을 비교할 필요가 있을 경우에만 주석을 붙여 설명했다.

5. 작품 해설 및 부록의 주석은 각주로 처리하였으나, 본문 주석의 경우는 그리스어 원문 독해에 관한 주석을 포함한 상당량의 주석들이 대화편 본문을 매끄럽게 읽어 나가는 데 방해가 되지 않도록 모두 미주로 처리하였다.

6. 원문의 지시어는 구체적으로 내용을 지칭하여 주는 것이 좋다고 판단될 경우 풀어서 번역하였다. 또 직역하면 어색하다고 판단한 일부 문장들은 원문의 뜻을 살려 최대한 자연스럽게 고치되, 필요한 경우 주석에 설명을 붙였다.

7. 대화편 본문의 역어들 중에서 그리스어 표기가 필요한 것들은 주석에서 밝히거나 찾아보기에 포함시켜 관심 있는 독자들과 연구자들이 참고할 수 있도록 했고, 찾아보기 항목은 대화편 본문에서만 뽑았다.

8. 둥근 괄호 ( )는 한자, 그리스어를 병기하기 위해 사용했으며 그리스어는 독자들의 편의를 위해 로마자로 표기하였다. 사각괄호 [ ]는 문맥을 이해하는 데 도움을 주거나 번역을 자연스럽게 하기 위해 원문에 없는 내용을 옮긴이가 본문에 첨가할 경우 사용했으나, 본문에는 일일이 표시를 하지 않았고 밝힐 필요가 있을 경우에만 해당 부분을 주석에 옮겨 표시하였다.

9. 그리스어의 우리말 표기는 고전 시대 발음에 가깝게 표기했다. 특히 후대 그리스어의 이오타시즘(iotacism)은 원칙적으로 따르지 않았다. 단, 다음과 같이 우리말 안에 들

어와 굳어졌거나 여러 분야에서 이미 보편적으로 통용되고 있는 국가명이나 지역명에 한해서는 예외로 하여 굳어진 대로 표기하였다. 그리스(헬라스), 이집트(아이깁토스), 리비아(뤼비에), 유럽(에우로페), 아테네(아테나이), 스파르타(라케다이모니아) 등.

메넥세노스

메넥세노스

메넥세노스, 소크라테스

〈1〉

소크라테스 : 광장에서 오는 건가, 아니면 어디 다른 곳에서 오는
건가? 메넥세노스.

메넥세노스 : 광장에서요. 소크라테스 님. 평의회 의사당[1]에서 오
는 길입니다.

소크라테스 : 평의회 의사당에 특별한 볼일이 있었나 보지? 아니,
물어볼 것도 없이 뻔하지, 뭐.[2] 교양과 철학[3] 공부도 다 마쳤다
싶고 또 그 정도면 이미 충분하다고 여겨, 좀 더 큰일[4] 쪽으로 마
음을 돌릴 심산인 거야. 어이, 이 친구,[5] 그 젊은 나이에 우리 같   b
은 늙은이를 다스리려고 말이야. 자네 가문에서 누군가 우리들
의 보호자[6]가 나오는 일이 어느 때이건 끊이지 않도록 하려고 그
러는 것이겠지.

메넥세노스 : 소크라테스 님, 만약 선생님께서 제가 관직에 나서는 일을 허락하고 권하신다면 저는 기꺼이 그렇게 하겠습니다. 그러나 그게 아니라면 전 그렇게 하지 않을 겁니다. 어쨌거나 방금 제가 평의회 의사당에 갔던 것은 평의회가 전몰자들을 위해 추모 연설을 해 줄 사람을 뽑으려 한다는 말을 들어서입니다.[7] 평의회가 장례식[8]을 거행할 거라는 것은 선생님도 알고 계시잖아요.

소크라테스 : 알고말고. 그런데 누구를 뽑았는가?

메넥세노스 : 아무도 뽑지 않고 내일로 결정을 미루었습니다. 그러나 제 생각에 아르키노스나 디온[9]이 뽑힐 것 같습니다.

⟨2⟩

c 소크라테스 : 음, 메넥세노스, 정말 여러 가지 점에서 전쟁에 나가 목숨을 바치는 것은 훌륭한 일인 듯하이. 왜냐하면 설령 가난한 자가 전사했을지라도 훌륭하고 성대한 장례식이 치러지고, 또 설령 모자란 사람일지라도 지혜로운 사람들로부터 찬사를 받기 때문이지. 더욱이 그들은 대충 칭송하는 것이 아니라 아주 오랜 시간 연설을 준비해서 칭송하니까 말이야. 그들은 이런 식으로 235a 근사하게 칭송하거든. 즉, 전사자 각각에 대해 그가 세운 무공이건 아니건 다 들먹이며, 그것들을 가능한 한 온갖 미사여구로 최대한 수식해 우리들의 넋을 빼놓지. 그들은 모든 방법을 다 동

24

원해 나라를 찬양하고 또 전쟁에서 죽은 자를 찬양하고, 그리고
또 그 옛날 우리들의 선조 모두와 아직 살아 있는 우리들 자신들
도 칭송하는데, 메넥세노스여, 그 결과 나도 그들로부터 칭송을
받아 아주 고귀해지는 것 같다네. 그래서 그럴 때마다 귀 기울여 b
듣다가 매료돼 딴 사람이 돼 버리곤 하네.[10] 내가 갑자기 더 커지
고 더 고귀해지고 훌륭해진 것 같다는 생각이 들면서 말이야. 그
리고 대개의 경우 외국인 몇 사람과 같이 가 함께 연설을 듣는
데 나는 그때마다 그들 앞에서 갑자기 한층 위엄이 서는[11] 기분
이 들더군. 왜냐하면 내 생각에, 그들도 나와 그 밖의 다른 시민
들에 대해서 내가 갖고 있는 느낌과 똑같은 것을 느끼고 있는 것
처럼 생각되기 때문이네. 즉, 그들은 연설자에게 설복되어 이 나
라가 자기들이 이전에 생각했던 것보다 더 놀랄 만한 나라가 되
었다고 여기고 있는 것 같거든. 그리고 위엄이 서는 이런 기분이
나에게는 사흘 이상이나 계속되네. 그 정도로 연설자의 말과 소 c
리가 쟁쟁하게 내 귓속에 울려 들어와 나흘이나 닷새째가 되어
서야 겨우 나 자신으로 돌아와 내가 어떤 세상에 있는지 알게 되
는데, 그러기까지는 나는 그저 내가 축복받은 사람들의 섬에[12]
사는 것은 아닌가 하는 생각에 젖어 있네. 그 정도로 우리의 연
설가들은 수완이 대단한 사람들이야.

〈3〉

메넥세노스 : 소크라테스 님, 선생님께서는 틈만 나면 연설가들을 조롱하시네요. 그런데 제 생각에 이번에 뽑히는 사람들은 연설을 잘 해내는 게 그리 쉽지만은 않을 것 같습니다.[13] 선발이 아주 급하게 이루어지는 바람에 아마도 연설자는 즉석 연설을 하듯 연설하지 않으면 안 될 형편이거든요.

d 소크라테스 : 여보게, 어째서 그렇지?[14] 그 사람들 각각은 연설 몇 개 정도는 준비해 놓고 있고 게다가 때마침 이번 연설이 준비해 놓은 것과 같은 종류의 것이라면 그들에게는 즉석에서 연설한다는 게 그리 어려울 것도 없다네. 사실 펠로폰네소스 사람들 옆에서 아테네 사람들을 칭송해야 한다거나[15] 아테네 사람들 옆에서 펠로폰네소스 사람들을 칭찬해야 하는 경우라면야 그들을 설득하고 그들로부터 호평을 얻는 데에[16] 훌륭한 연설가가 필요할 테지만, 자기가 연설로 치켜세우는 바로 그 사람들 옆에서 상찬을 받으려 할 때는, 어려울 것도 없으려니와 연설을 해 봐야 아무도 그가 크게 연설을 잘한다고 여기지도 않을 것이야.[17]

메넥세노스 : 소크라테스 님, 당신께선 그들이 대단하다고 여기지 않으시는군요.

소크라테스 : 그렇고말고, 제우스에게 맹세코 그리 생각하네.

e 메넥세노스 : 선생님 자신께서도 연설을 하실 수 있다고 생각하시는 건가요? 만약 그럴 필요가 있고 또 평의회도 선생님을 뽑으려

26

고 한다면 말이에요.

소크라테스 : 적어도 나로선 그렇다네, 메넥세노스. 내가 연설을
할 수 있다는 게 놀랄 일은 아니야. 왜냐하면 나에게는 연설 기
술에 비범한 능력을 지닌 여선생님이 계시거든. 게다가 그분은
많은 사람들을 훌륭한 연설가로 키우셨다네. 특히 한 사람, 즉
그리스 사람들 중에서 가장 걸출한 연설가인 크산티포스의 아들
페리클레스 역시 그분이 키우셨지.

메넥세노스 : 그분이 누구시죠? 하기야 물어볼 것도 없이 아스파
시아 님[18]을 말씀하시는 것이겠지요?

소크라테스 : 그렇다네. 그리고 메트로비오스의 아들 콘노스[19]도
나를 가르치셨다네. 이 두 분들은 다 내 스승들이지. 한 분은 시 236a
가, 또 한 분은 연설 기술을 가르쳐 주셨으니까. 그러니 이렇게
훈육을 받은 사람이 연설을 잘할 수 있다는 것은 당연한 일이고
전혀 놀랄 일이 아니지. 그러나 나보다 나쁘게 교육받은 사람들
일지라도 이를테면 시가는 람프로스[20]에게서 배우고 연설 기술
은 람누스의 안티폰[21]에게서 배운 그런 유의 사람이라도, 아테네
사람들 앞에서 아테네 사람들을 칭송하고서는 어쨌거나 호평을
받을 수 있을 거야.

〈4〉

메넥세노스 : 선생님께서 연설하실 수 있다면 어떤 이야기를 하실

수 있으신지요?

소크라테스 : 내 자신의 능력만으로는 아마 한마디도 못할 걸세.
b 그러나 나는 바로 어제 아스파시아 님이 다른 것도 아니고 바로
그 사람들[22]에 관해 연설하시는 것을 끝까지 다 청취했네. 사실
그녀는 자네가 말한 바와 같은 것, 즉 아테네 사람들이 추모 연
설자를 선발하려 한다는 것을 들었던 거야. 그래서 그녀는 연사
가 말해야 할 바를 나에게 쭉 들려주었는데, 그 일부는 즉석에서
지어낸 것이었고 일부는 그녀가 전에 생각해 두었던 것, 즉 내
생각에는 페리클레스가 행한 추도 연설문[23]을 지어 줄 당시 그
추도 연설문에 들어가지 않은 나머지 부분들을 엮은 것이었네.

메넥세노스 : 그럼 선생님께선 아스파시아 님이 연설한 것을 기억
해 내실 수 있으신지요?

소크라테스 : 그럼. 깜박하지만 않는다면 말이야,[24] 정말이지 나는
c 그녀 옆에서 연설 기술을 배웠는데, 잊어 먹었을 때는 매도 맞을
뻔했지.[25]

메넥세노스 : 그런데 어째서 당장 들려주지 않으세요?[26]

소크라테스 : 그게 말이야, 내가 선생님의 연설을 발설했다가 선
생님께서 나에게 화를 내시지나 않을까 해서 그래.

메넥세노스 : 소크라테스 님, 절대 그런 걱정은 하지 마시고 말씀
해 주세요. 말씀하시고자 하는 것이 아스파시아 님의 것이건 누
구의 것이건 간에 저로선 여간 기쁜 게 아닙니다. 그러니 말씀만

해 주세요.

소크라테스 : 그러나 아마 자네는 나를 비웃을 거야. 나잇살깨나 먹었다는 사람이 아직도 애 같은 짓을 한다는 생각이 들면 말이야.

메넥세노스 : 천만에요. 그렇지 않아요. 소크라테스 님. 그러시지 말고 어떻게 해서든 말씀해 주세요.

〈5〉

소크라테스 : 하긴, 난 정말 자네 비위를 맞춰 주어야 하지. 그러니 설령 나더러 벌거벗고 춤을 추라고 명해도 거의 다 들어 주어 d 야 하겠지. 아무려나 우리 둘만 있으니까.[27] 자, 그럼 들어 보게나. 사실 내가 알기로 그녀는 전몰자 바로 그들에 대한 이야기를 서두로 꺼내면서 이렇게 말했네.

"우리들이 올리는 제례 행위를 통해[28] 이분들은 그들 자신에게 합당한 명예를 간직하시고 운명적으로 정해진 길을 떠나고 계십니다. 공적으로는 국가로부터, 개인적으로는 가족들로부터 환송을 받으시면서 말입니다. 그러나 다른 한편 법률은 아직 제례 행위만으로는 부족한 남아 있는 경의를[29] 그것에 덧붙여 말을 통 e 해 이 영웅들에게 바치도록 명하고 있고 우리 또한 마땅히 그래야 합니다. 왜냐하면 훌륭한 행위가 이루어졌을 때 그것이 아름답게 말로 이야기됨으로써 이야기를 듣는 사람들에게 그 행위자들에 대한 추모의 염과 경의가 우러나오기 때문입니다.[30] 바로 다음과 같은 말이 필요합니다. 즉, 전몰자들에 대해서는 그지없는 칭송의 말이, 살아 있는 유족들에게는 따뜻한 격려의 말이 필요합니다. 자식들과 형제들에게는 그분들의 탁월함[31]을 닮도록 권고하는 한편 부모와 연배가 높은 친척 누군가가 아직 살아 계실 경우, 그런 분들을 위로해 주는 말이 필요합니다. 그러면 대체 우리들의 경우 어떤 말이 그러한 말이 되겠습니까? 아니 훌륭한 분들을 칭송하면서 우린 무슨 이야기부터 시작해야 올바를까요. 다름 아닌 살아 있을 때에는 탁월함으로 그들 자신의 친구들을 기쁘게 하고, 살아 있는 사람들의 안녕을 위해 자신의 목숨을 바친 그런 분들을 칭송하려면 말입니다.

237a

내 생각으로는 훌륭한 분들이 태어나고 자라나신 자연스런 순서 그대로 그렇게 그분들을 칭송해야 한다고 봅니다. 무엇보다 그분들이 훌륭한 사람들이 된 것은 태생적으로 훌륭한 분들로부터 태어나셨기 때문입니다. 그러므로 우리들은 우선 그분들의 훌륭한 태생을 칭송하고, 두 번째로는 그들의 양육과 교육을 칭송하고자 합니다. 그런 연후 우리는 그분들이 이룩한 업적을 드러내기로 합시다. 그분들이 얼마나 아름다우며 얼마나 그에[32] 걸맞은 일을 해내셨는지를 말입니다.

b

〈6〉

우선 이분들의 훌륭한 태생은 이주민이 아닌 선조들의 출생에서

30

비롯되었습니다. 이분들의 선조들께선 타국에서 와서 이 자손들을 거류외인[33]으로 살게 만든 그런 분들이 아니라, 이 땅에서 태어난 토박이[34]들이자 진실로 조국에 거주하며 살아 오신 분들입니다. 그래서 이분들은 다른 사람들처럼 계모에 의해 양육되지 않고 그들이 살고 있는 국토인 어머니에 의해 양육되었던 것입니다. 그리고 이제 이분들이 죽자 그들을 낳고 키워 낸 이 국토는 또 그들을 거두어 그들이 살던 곳에 누울 수 있게 했던 것입니다.[35] 따라서 먼저 이 어머니에게 경의를 표하는 것이 가장 올바른 일입니다. 왜냐하면 그렇게 함으로써 동시에 이들의 훌륭한 태생 또한 존경을 받게 되는 것이기 때문입니다.

c

⟨7⟩

그리고 이 국토는 우리들 한 사람에 의해서가 아니라 모든 사람들에 의해 칭송되기에 합당한 여러 가지 이유가 있으나 그 가장 큰 첫째 이유는 그 국토가 신들의 사랑을 받고 있다는 점입니다. 이 국토를 둘러싸고 신들이 서로 갈라서서 다툼을 하고 재판까지 벌인 이야기[36]가 그것을 뒷받침해 주고 있습니다. 그것이 실로 신들이 칭찬하는 나라일진대 인간들 모두에 의해 칭송되는 것이 어찌 마땅하지 않겠습니까? 그리고 두 번째로 국토를 바르게 칭송하자면 그것은 이와 같은 점일 것입니다. 즉, 대지 전체가 들짐승과 가축[37] 등 온갖 종류의 생명체를 낳고 내보냈던 아

d

주 먼 그 옛날에, 우리 국토는 야수들은 아예 낳지도, 살게 하지
도 않았음을 그 자체로 보여 주고 있고 오히려 생명체들 중에서,
다른 생물들보다 지력에 있어 걸출하고 정의와 신을 받드는 유
일한 생명체인 인간을 선택을 하여 낳았던 것입니다. 이 국토가
e 이들과 우리들의 선조들을 낳았다는 이 말에는 그것을 뒷받침
해 주는 커다란 증거가 있습니다. 사실 모든 어미는 태어나는 것
에 알맞은 먹을거리를 갖고 있어서 그 먹을거리를 가지고 그 어
미가 정말 새끼를 낳은 어미인지 아닌지가 분명하게 가려집니
다. 만약 어미가 태어난 새끼에게[38] 줄 양육의 젖줄을 갖고 있지
않으면 남의 아이를 자기 자식으로 삼은 여자가 되는 것입니다.
그런데 우리들의 어머니이기도 한 이 국토가 인간들을 태어나게
238a 했다는 그 충분한 증거로서 제시하고 있는 것도 바로 이것입니
다. 즉, 우리 국토는 인간 종족을 가장 훌륭하고 아름답게 양육
할 수 있는 밀과 보리[39]를 그 시대에 유일하고도 처음으로 인간
들을 위한 식량으로서 열매 맺게 함으로써, 스스로가 정말 이 생
명체를 낳았음을 보여 주고 있는 것입니다. 그러나 이러한 증거
는 여자보다는 국토를 위한 증거로 받아들이는 것이 더 타당합
니다. 왜냐하면 임신이나 출산에 있어 국토가 여자를 흉내 낸 것
이 아니라 여자가 국토를 흉내 낸 것이기 때문입니다. 그리고 국
토는 이 결실을 아낌없이 다른 나라 사람들에게도 나누어 주었
습니다. 또 그런 다음 국토는 자식들을 위해 그들의 노고에 대한

위로로서[40] 올리브를 자라게 해 주셨습니다. 또 국토는 그들이   b
장정으로 길러지고 자라났을 때 그들의 통치자이자 스승으로서
신들을 모셔왔습니다. 그 신들의 이름[41]을 이 자리에서 따로 들
진 않겠습니다. 다들 아시니까 말입니다. 신들은 우리의 삶을 챙
겨 주셨는데, 우리가 일상생활을 영위할 수 있도록 다른 나라 사
람들에 앞서서 기술을 전수해 주셨을 뿐만 아니라, 국토를 수호
할 수 있도록 무기의 획득과 사용법도 가르쳐 주셨던 것입니다.

〈8〉

여기 이분들의 선조들은 이와 같이 태어나 교육을 받고 자라나
서 정치체제를 갖춰 거주하셨는데 그 정치체제에 대해 간략히   c
돌이켜보는 것은 올바른 일이라 하겠습니다. 왜냐하면 정치체
제는 인간의 양육자이어서 훌륭한 정치체제는 선한 사람을 기르
고 그 반대의 것은 악한 사람을 기르기 때문입니다. 그러므로 우
리들의 선조들이 얼마나 훌륭한 정치체제에서 자라나셨는지, 실
제 그 정치체제로 말미암아 그분들은 물론, 전몰자들을 포함한
오늘날의 사람들이 얼마나 훌륭한 사람들인지를 분명히 해 두지
않으면 안 됩니다. 왜냐하면 동일한 정치체제, 즉 최선자 정체[42]
가 당시에도 있었고 지금도 있는바, 우리들은 지금은 물론 그 당
시부터 거의 내내 그 정치체제하에서 시민으로서의 생활을 영위
해 왔기 때문입니다.[43] 어떤 자는 그것을 민주정체라고 부르고   d

어떤 자는 자기 마음에 드는 다른 이름으로 부르지만, 실상 그 것은 대중의 찬성이 수반된 최선자 정체입니다. 사실 우리에게 는 한편으로는 항상 왕들이 있어 왔습니다. 이 사람들은 어떤 때 는 세습되었지만, 어떤 때는 선거로 뽑힌 사람들입니다. 그리고 다른 한편으로는 대중이 국가의 일 대부분을 장악하고 있으면 서 그때그때 가장 훌륭하다고 생각되는 사람들에게[44] 관직과 권 력을 부여해 왔던 것입니다. 그래서 다른 나라마냥, 약한 자라고 해서, 가난하다고 해서 또는 부모가 무명인사라고 해서 쫓겨나 는 자는 아무도 없으며 또 그 반대라고 해서 존경받는 사람도 없 습니다. 다만 하나의 기준, 즉 현명하거나 훌륭하다고 생각되는 사람이 권력을 갖고 또 통치도 하는 그 기준만 있을 뿐입니다. 그런데 이러한 우리들의 정치체제의 근원은 출생의 평등함에서

e 비롯된 것입니다. 실제 다른 나라들은 온갖 종류의 평등하지 않 은 인간들로 이루어져 있고 그 결과 그들의 정치체제 또한 평등 하지 않은 정치체제, 즉 참주정과 과두정으로 되어 있습니다. 그 리하여 그들은 서로에 대해 어떤 사람은 노예로 또 어떤 사람은 주인으로 여기면서 살아가고 있습니다. 그러나 우리들과 우리

239a 동포들은 모두 한 어머니가 낳은 형제들이므로 우리는 서로에 대해 노예들이니 주인들이니 하는 것을 가당찮게 생각하고 있습 니다. 오히려 본성에 따른 태생상의 동등함은 우리로 하여금 법 률에 따른 법적 평등[45]을 추구하도록 강제하고 있고, 덕과 사려

에서 나오는 명성 이외의 다른 어떤 것 때문에 서로에게 복종하는 그런 일이 없게끔 만들어 놓습니다.

⟨9⟩

그러므로 이분들의 아버지와 우리들의 아버지, 그리고 이분들 자신은 훌륭한 가문에서 태어나셔서 실로 전적인 자유 속에서 양육되었으므로, 사적으로나 공적으로나 정말로 많고 훌륭한 업 b 적을 모든 사람들에게 펼쳐 보여 주셨습니다. 그들은 자유 때문이라면 그리스 사람들을 위해 그리스 사람들과도, 그리고 전체 그리스를 위해 이민족 사람들[46]과도 싸워야 한다고 생각하였던 것입니다. 에우몰포스[47]와 아마존[48]들이, 그리고 그 이전의 적들이 우리 국토에 쳐들어 왔을 때 그 적들이 어떻게 격퇴되었고, 그리고 그들이 어떻게 아르고스 사람들을 도와 카드모스의 후예들을 물리쳤으며,[49] 그런 연후 그들이 어떻게 헤라클레스의 후예를 도와 아르고스를 물리쳤는지를[50] 하나하나 제대로 자세하게 열거하기에는 너무 시간이 짧습니다. 다행히도 시인들이 이미 그들의 용맹함을 시가로 훌륭하게 찬미하여 모든 사람들에게 널리 알렸던 것입니다.[51] 그러므로 우리들이 그와 같은 것을 그 c 냥 산문[52]으로 칭송하려 든다면 우리는 아마 상대가 안 될 것입니다. 따라서 그런 것은 따로 언급하지 말고 넘어가는 것이 좋다고 생각합니다. 이미 합당한 찬미를 받고 계시니까요. 그러나 어느 시인도 아직 그에 걸맞은 시가를 지어 그것에 합당한 명성을 갖고 있지 않은, 그래서 아직도 망각 속에[53] 파묻혀 있는 그러한 공적들에 대해서 되새겨 언급하지 않으면 안 된다고 저는 생각합니다. 저 자신 그것을 칭송할 뿐만 아니라 다른 사람들에게도, 공적을 이룬 분들에게 걸맞게 노래나 그 밖의 시가를 짓도록 권하면서 말입니다.

또 제가 말하려고 하는 그러한 공적들 중 가장 첫째의 것은 이

d 것입니다. 즉, 페르시아가 아시아를 정복하고 유럽을 노예로 삼으려 했을 때 그것을 막아 낸 것은 바로 이 땅의 자손들, 즉 우리들의 선조였던 것입니다. 그래서 그들의 공적을 기리고 그들의 무용을 칭송해야 하는 것은 정당하고도 최우선적인 것입니다. 만약 누가 이를 훌륭하게 칭송하고자 한다면 생각으로나마 그 시대로 가서[54] 정말 그것을 봐야 합니다. 그 시대는 제3대 페르시아 왕[55]이 이미 아시아 전체를 지배하던 때였는데, 그 페르시아 왕들 중 첫 번째 왕인 퀴로스[56]는 자신의 뜻에 따라 자신의

e 동포인 페르시아 사람들을 해방시킴과 동시에 지배국이었던 메디아의 인민들을 노예로 삼았으며, 그 밖에도 이집트에 이르기까지 나머지 아시아도 지배하고 있었습니다. 그런 한편, 그 아들은 이집트와 리비아를 자기가 쳐들어갈 수 있는 만큼 쳐들어가 지배했고, 또 제3대 다레이오스[57]는 육상으로는 스퀴타이와 경계

240a 를 이루는 데까지 영토를 넓혔으며, 해상으로는 바다와 섬들을

제압함으로써 그 결과 그에게 도전할 만한 자는 한 사람도 있을 수 없게 되었습니다. 모든 사람들의 마음이 노예 상태에 빠진 것이었습니다. 이처럼 많은 강대하고 호전적인 민족들이 페르시아 제국에 예속되었던 것입니다.

〈10〉

또 다레이오스는 우리들과 에레트리아 사람들이 사르디스에 대해 모반을 도모했다[58]는 것을 구실 삼아 비난하고[59] 상선과 함선에 50만 군사를 태우고 300척의 함선을 보내, 지휘관인 다티스에게 만일 네 목이 붙어 있길 바란다면 에레트리아 사람들과 아테네 사람들을 끌고 오라고 명령하였습니다. 그래서 그는 그 당시 그리스 사람들 중 전투에서 가장 명성이 높고 수적으로도 적지 않았던 사람들을 공략하기 위해 에레트리아로 배를 몰고 가 그들을 사흘 만에 정벌하는 한편 어느 누구도 도망가지 못하도록 그들 국토 전체를 다음과 같은 방식으로 수색하였습니다. 즉, 그의 군사들은 에레트리아 국경에 도달해서는 이쪽 바다에서 반대쪽 바다까지[60] 늘어서서 손을 잡고서 그 나라 전체를 훑고 지나갔던 것입니다. 그래서 대왕에게 그들 누구도 도망간 자가 없다는 것을 보고할 수 있었습니다.[61] 그리고 또 그와 똑같은 계략을 갖고 그들은 에레트리아에서 마라톤으로 상륙했습니다.[62] 즉, 그들로선 아테네 사람들도 에레트리아 사람들과 마찬가지로 쉽

사리 같은 올가미를 씌워 강제로[63] 끌고 올 수 있을 것이라고 생각했던 것입니다. 그런데 이런 시도들 중 일부는 이미 실행 중에 있었고 일부는 착수될 참에 있었을 때, 그리스 사람들 중 어느 누구도 에레트리아 사람들을 구하려 하지 않았고 또 아테네 사람들을 도우려 하지 않았습니다. 다만 스파르타 사람들은 예외이긴 했습니다만, 그들은 전투 개시 다음날에야 당도했고[64] 아예 그 밖에 나머지 모든 그리스 사람들은 공포에 질려 당장의 안전에 연연하여 꼼짝달싹하지도 않았습니다. 정말 그 당시에 태어난 사람이라면 누구라도 알 것입니다. 대체 그분들이 용기와 관련하여 어떤 사람들인가를. 즉, 그분들은 마라톤에서 이민족 세력을 맞이하여 아시아 전체의 교만을 응징하였으며 이민족 사람들에 대해 최초로 전승비를 세웠고, 다른 그리스 사람들을 선도하는 교사가 되어 페르시아의 힘이 무적이랄 것도 없을 뿐 아니라, 어떠한 대군도, 어떠한 부도 그들의 용맹 앞에서는 굴복하고 만다는 것을 가르쳐 주셨던 것입니다. 그러므로 나는 그 용사분들을 우리들 육신의 아버지일 뿐 아니라 우리들과 이 대륙에 함께 사는 모든 사람들의 자유의 아버지라고 주장하는 바입니다. 왜냐하면 그리스 사람들은 그분들의 위업을 본받아[65] 그 이후의 전투에서도 그리스 사람들의 안녕을 위해 온갖 위험을 감수했기 때문입니다. 마라톤 전사들의 후예로서 말입니다.

⟨11⟩

그러므로 이 연설에서 최고의 상은 그분들에게 바쳐야 하고 두 　241a
번째 상은 살라미스만과 아르테미시온곶에서 해전을 벌여 승
리한 분들에게 바쳐야 합니다.[66] 그리고 실제 이러한 분들에 대
해서는 누구라도 많은 것들을 두루 이야기할 수 있을 것입니
다. 즉, 그분들이 육지와 바다에서 어떤 공격을 받으면서도 얼마
나 잘 견뎌 냈는지, 그리고 그들을 어떻게 물리쳤는지를 이야기
할 수는 있으나, 다만 그분들의 업적들 중 내 생각에 가장 훌륭
한 것에 대해 되돌아보고자 합니다. 그것은 곧 그분들이 마라톤
의 전사들의 뒤를 잇는 위업을 달성하셨다는 점입니다. 즉, 그리
스 사람들에게 마라톤 용사들이 그것[67]과 관련하여 분명하게 보
여 준 것은 지상전에서 소수의 병력으로 이민족의 대군을 물리 　b
친 것뿐이지만, 해전에서도 과연 그럴 수 있는지는 그때까지만
해도 분명치 않았을뿐더러, 당시 바다에서는 페르시아군이 그
수와 부와 기술과 힘에서 무적이라는 명성을 갖고 있었기 때문
입니다. 그때 해전을 치러 낸 용사들의 위업, 즉 그리스 사람들
의 두 번째 두려움[68]을 제거해 주고 함선과 병력들의 숫자에 더
이상 겁먹지 않게 하였다는 그것은 정말 칭찬할 만한 일인 것입
니다. 실로 그 결과 마라톤에서 싸운 사람들과 살라미스에서 싸 　c
운 사람들 그 양쪽 분들에 의해 여타의 그리스 사람들이 교육될
수 있었습니다. 즉, 한편으로는 육지의 전사들에 의해, 다른 한

편으로는 바다의 전사들에 의해 이민족 사람들을 두려워하지 않는 것을 배우고 그런 생각에 익숙하게 된 것입니다.

⟨12⟩

또 내가 그리스 사람들의 안녕과 관련하여 순서에서나 업적에 있어서 세 번째로 이야기하고자 하는 것은 플라타이아에서의 위업[69]인데, 그것은 스파르타 사람들과 아테네 사람들이 마침내 함께 일구어 낸 공동의 업적이라 하겠습니다. 그리하여 그 양쪽 사람들 모두는 가장 크고 어려운 난국을 이겨냈고 이 용맹함으로 인하여 그분들은 오늘날 우리들에게 칭송을 받고 있는 것이며 d 나아가 다가올 시대에서도 후세 사람들로부터 칭송을 받을 것입니다.

그러나 이후 그리스의 많은 나라들[70]이 여전히 이민족 사람들 편에 서 있었는가 하면 또 전해지기로는, 페르시아 왕 자신도 그리스를 다시 공격하려고 의도했었다 합니다. 그러므로 우리들은 이분들, 다시 말해 그리스의 안녕을 달성하기 위해 바다로부터 모든 이민족 군사들을 쓸어 내어[71] 선인들의 위업에 마침내 완성 e 을 가한 사람들 또한 상기하는 것이 마땅하다 할 것입니다. 그분들은 에우리메돈에서 해전을 벌인 사람들[72]과 퀴프로스 전투에 참전한 사람들,[73] 그리고 이집트[74]와 그 밖의 여러 곳으로 배를 몰고 항진해 간 사람들인데, 우리들은 그분들을 기억해야만 하고 또 그분들에게 고마움을 표할 줄 알아야 합니다. 왜냐하면 그분들은 페르시아 왕을 공포에 빠트려 그로 하여금 더 이상 그리스 사람들의 멸망을 획책하지 않고 자신의 안녕에다 주의를 쏟게끔 만들었기 때문입니다.

〈13〉

실로 이 전쟁은 그들 자신과 같은 말을 쓰는 다른 사람들을 위해 이민족 사람들에 대항하여, 모든 나라들이 온 힘을 기울여 최후까지 견뎌 낸 전쟁이었습니다. 그런데 평화[75]가 이루어지고 나라의 명성이 드높아지자 사람들로부터 성공한 자들에게 으레 던져지기 쉬운 것으로서 무엇보다도 우선 시샘이 이 나라에 다가왔고 그에 이어 그 시샘으로부터 질투가[76] 다가왔습니다. 그리고 이것이 또한 이 나라를 본의 아니게 다른 그리스 사람들과 전쟁에 빠지게 만들었습니다. 그 후 전쟁이 일어나자 그들은 단합하여 보이오티아 사람들의 자유를 위해 타나그라에서 스파르타 사람들에 맞서 싸웠으며, 그 싸움의 결과에 대해 양론이 있었으나 그 이후의 사태가 판정을 내려 주었습니다. 왜냐하면 스파르타 사람들은 자기들이 도우려 했던[77] 보이오티아 사람들을 내팽개친 채 패퇴하여 철수하고 말았지만 우리 군사들은 오이노퓌타[78]에서 사흘 만에 승리를 거두어 부당하게 추방된 자들을 정당하게 복귀시켜 주었기 때문입니다. 이분들은 이미 그리스 사람들

242a

b

의 자유를 위해 동료 그리스 사람들을 도와 같은 그리스 사람들인 스파르타 사람들에 맞서 싸웠던,[79] 페르시아 전쟁 이후 최초의 사람들이자 그로 인해 훌륭한 용사들이 된 분들로서 이번에

c 는 자기들이 도왔던 사람들을 해방시켜 준 최초의 분들이기도 합니다. 그래서 이분들은 국가로부터 영예를 받아 이 묘지에 처음으로 모셔진 것입니다. 이후 전쟁이 크게 확대되어[80] 모든 그리스 사람들이 쳐들어와 이 국토를 유린하면서[81] 이 나라에 대해 은혜를 완전히 저버렸을 때 우리 군사들은 해전에서 그들을 물리치고 그들의 우두머리인 스파르타 사람들을 스파기아에서 포로로 잡아[82] 그들을 전멸시킬 수도 있었지만 살려서 돌려보내 강화를

d 맺었습니다.[83] 그들은 이민족 사람들에 대해서는 그들이 절멸될 때까지 싸워야 한다고 여겼으나, 한 나라의 사사로운 분노 때문에 그리스 사람들의 공동체가 파멸되어선 안 된다고 여겨, 동족에 대해서는 승리할 때까지만 싸워야 한다고 생각했던 것입니다.

그러므로 이 전쟁에 참전하여 여기에 묻힌 이분들을 칭송하는 것은 실로 마땅한 일입니다. 왜냐하면 누군가가 만일 이민족 사람들과 맞선 앞서의 전쟁에서 마치 어떤 다른 사람들이 아테네 사람들보다 더 용기 있는 양, 이의를 제기했다면 그들의 이의제기가 진실이 아니라는 것을 이분들은 분명하게 보여 주셨기 때

e 문입니다. 이분들이 보여 주신 증거는 바로 이것입니다. 즉, 이분들은 당시 그리스가 분열하여 싸운 그 전쟁[84]에서 우위를 떨쳤

고 저쪽 편 그리스 사람들의 우두머리를[85]—한때 함께 힘을 합쳐 이민족 사람들을 물리쳤던—굴복시켰으며 그것도 그들을 혼자서 물리치셨던 것입니다.

〈14〉

그러나 이 강화 뒤에 예기치 않은 참담한 제3차 전쟁[86]이 일어나 그 전쟁에서 수많은 훌륭한 사람들이 전사하여 여기에 잠들어 있습니다. 이들 중 많은 사람들은 시켈리아 전선에서 레온티노 이 사람들의 자유를 위해 수많은 전승비를 세운 사람들로서 그분들은 동맹의 서약 때문에 그들을 구하려고 그 지역으로 항해해 갔던 것인데, 항로의 길이로 인한[87] 난관에 처하게 되면서 본국은 그들을 지원할 수 없게 되었고, 그 때문에 그들은 뜻을 이루지 못한 채[88] 비운을 맞이하게 되었던 것입니다.[89] 그런데 이분들의 절제력과 용맹함에 대해서는 우리편의 다른 아군들보다도 그분들과 싸웠던 적군들이 더 많이 칭송하고 있습니다. 또 여기 잠든 이분들 중 또 다른 많은 사람들은 헬레스폰토스 해전[90]에서 전사한 분들로서 하루 사이에 적선 모두를 포획했던 분들이자 그 밖의 많은 해전에서 승리를 거둔 분들입니다.

그런데 내가 이 전쟁이 참담하고 예기치 않은 것이었다고 말한 것은 이것을 두고 말하는 것입니다. 즉, 우리 이외의 다른 그리스 사람들이 이 나라에 대한 승부욕이 너무 커져, 급기야 가장

243a

b

증오스런 페르시아 왕에게 사절을 보내는 일까지 저질러, 우리 와 함께 연합해서 격퇴했던 이 이민족 왕을 자기들끼리 몰래 다 시 그리스 사람들 쪽으로 불러들여,[91] 이 나라를 향해 공격하도 록 모든 그리스 사람들 및 이민족 사람들을 동맹군으로 규합하

c 였던 것입니다. 그런데 그때도 이 나라의 힘과 용맹은 눈에 띄게 발휘되었습니다. 즉, 그분들은 뮈틸레네에서 함선들이 봉쇄되는 바람에 이미 패한 것으로 적에 의해 여겨졌음에도,[92] 그들 스스 로 배에 올라타 60척의 함선으로 구조하러 가서, 모든 사람이 한 결같이 인정하는 최고의 용사가 되어 전쟁을 승리로 이끌어 아 군을 구했던 사람들로서, 부당하게 불운을 만나 바다에서 인양 되지 못함에 따라 여기에 묻히실 수 없게 된 것입니다.[93] 우리들 은 이분들을 항상 기억하고 칭송하지 않으면 안 됩니다. 왜냐하

d 면 그분들의 용맹함으로 우리들은 그때의 해전뿐만 아니라 그 밖의 전투에서도 승리를 거두었기 때문입니다. 실로 그분들 덕 에 이 나라는 결코 세상 어떤 사람들에게도 패배하는 일이 없을 것이라는 평판을 얻었습니다. 그리고 그 평판은 옳았습니다. 그 도 그럴 것이 우리는 우리의 내분 때문에 서로에 의해 정복되었 지 다른 사람들에 의해 그렇게 되지는 않았던 것입니다. 즉, 우 리들은 지금에 이르기까지 다른 나라 사람들에 의해 패배당하는 일은 없었으며, 다만 우리들 자신이 우리들 자신에게 승리를 거 두어 그래서 우리 자신에 의해 패배했던 것입니다.[94]

이후 다른 나라에 대해서는 평화와 안정이 이루어졌으나 우리 e
에게서는 내전[95]이 발발하였는데 그 내전은 이런 식으로 무난하
게 치러졌습니다. 즉, 만일 사람들에게 내홍이 숙명적일 수밖에
없다면 아무도 자기 나라가 우리나라와 다르게 홍역을 치르기
를 바라지 않을 정도로 치러졌던 것입니다.[96] 즉, 페이라이에우
스 쪽 시민들과 우리 쪽 시민들이 얼마나 기꺼이, 그리고 친밀하
게 서로 어울려 합쳐졌고,[97] 그리고 기대 이상으로 다른 그리스
국가 사람들과도 그랬으며, 엘레우시스로 도망간 사람들에 대한
싸움도 그분들은 얼마나 온건하게 대처했습니까![98] 그리고 그렇 244a
게 한 까닭 모두는 실로 한 핏줄이라는 것 이외에 달리 아무 이
유도 없으며, 그것은 확고한 우애를 가진 한 자손임을 말이 아닌
행동으로 보여 준 것입니다. 그러나 우리들은 이 싸움에서 서로
에 의해 죽어간 사람들에 대한 추모의 염을 갖고 또 이러한 장례
식전에서 우리가 할 수 있는 방법인 기도와 제물 의례를 통해 최
선을 다해 그들을 화해시켜야 합니다. 그분들을 지배하고 있는
지하 신들에게 기도를 드리면서 말입니다. 이미 우리들은 화해했
으니까요. 실제로 그분들은 악의나 적의 때문이 아니라 불행한
운명 때문에 서로 맞닥뜨리게 된 것입니다. 또한 살아 있는 우리 b
들 자신이 그 증인인 것입니다. 왜냐하면 저들과 한 핏줄인 우리
들은 우리가 행한 일과 겪은 일에 대해서 서로 용서하고 있기 때
문입니다.

〈15〉

이후 우리들에게는 완전한 평화가 찾아와 나라는 평온하게 되었습니다. 한편으로 이민족 사람들에 대해서는 우리나라로부터 혼날 만큼 충분히[99] 혼이 났기 때문에 그들로선 할 만큼의 방어를 했던 것이라 인정한다손 치더라도, 그러나 다른 한편, 다른 그리스 사람들에게는 그들이 우리나라로부터 얼마나 은혜를 입어 감사를 표해야 할 바가 또 얼마인지를 생각하니 분통이 치밀었던 c 것입니다. 그들은 이민족 사람들과 손을 잡고, 한때 자기들을 구해 준 함선들을 빼앗아 갔으며 또 우리가 그들의 성벽이 파괴되지 않게끔 막아 주었음에도 그들은 거꾸로 우리의 성벽을 파괴했던 것입니다.[100] 사실 우리나라는 다른 그리스 사람들에 대해 그들이 그리스 사람들에게 예속되든 이민족 사람들에 의해 예속되든 더 이상 방어해 주지 않겠노라 마음먹고 그렇게 지냈습니다. 그런데 우리가 그와 같은 생각을 갖자, 스파르타 사람들은 자유의 수호자인 우리들이 몰락해 버린 것이라고 믿고서 다른 그리스 사람들을 노예로 삼으려는 것이 이제 자기들의 일이라고 생각하여 그것을 실행에 옮겼던 것입니다.

〈16〉

그런데 이 이야기를 길게 설명해야 할 필요가 있을까요? 실로 이 d 제부터 내가 말하고자 하는 것은 옛날에 일어났던 것도, 옛날 사

46

람들에 관한 것도 아니기 때문입니다. 정말 우리들 자신이 다음
의 이러한 사실을 알고 있으니까요. 즉, 그리스 사람들 중 첫째
가는 아르고스 사람들, 보이오티아 사람들, 코린토스 사람들이
겁에 질려 이 나라에 원조를 구하러 왔다는 사실[101]도 알고 있고,
그리고 아주 기상천외한 일도 알고 있습니다. 페르시아 왕마저
그러한 궁지에 빠져서 자기가 무너뜨리려고 했던 이 나라 말고
는 그 어느 곳에서도 자기에게 안전을 가져다줄 곳이 없게 되어
버린 그런 처지에 놓이게 되었다는 사실[102]이 그것입니다.

그래서 정말 누군가 이 나라에 대해 정당하게 비난하고자 한
다면 이런 말을 할 경우에나 마땅한 비난이라고 할 것입니다.
즉, 이 나라는 언제나 지나치게 동정심이 많으며 지나치게 약자
에게 호의를 베푼다고 말입니다. 게다가 사실 그 당시에 우리나
라는 완고한 태도 같은 것은 취하지도 않았습니다. 이 나라 스스
로 마음먹었던 바, 즉 우리들에게 부정을 저지른 자들은 어느 누 245a
구도 그들이 노예가 될지언정 구해 주지 않는다는 방침을 고수
하기는커녕 오히려 그 방침을 스스로 굽혀 그들을 구해 주었던
것입니다. 그리하여 한편으로 이 나라는 스스로 그리스 사람들
을 노예 상태에서 해방시켜 주었고 그 결과 그들은 자신들을 다
시 복속 상태에 빠트리기 전까지는 자유였던 것입니다. 그러나
다른 한편, 페르시아 왕에 대해선 우리나라 스스로 무리해서까
지 도와주려고 하진 않았습니다. 왜냐하면 그것은 마라톤과 살

라미스와 플라타이아에서의 전승비 앞에 누(累)가 될까 두려웠기 때문입니다. 그렇지만 우리 진영에서 페르시아로 도망간 자나 후원자들이 그를 도와주는 것만은 묵인함으로써 누구나 다 인정 하듯이 이 나라는 그 왕을 구해 주었던 것입니다.[103] 그런데 성벽 b 을 구축하고 함선을 건조한 이후, 어쩔 수 없이 전쟁을 치를 수 밖에 없게 되어서야, 이 나라는 그 싸움을 받아들여 파로스섬 사 람들을 위해 스파르타 사람들과 싸웠던 것입니다.[104]

〈17〉

그런데 페르시아 왕은 스파르타가 해상에서 전투를 단념하는 것 을 보자, 우리나라를 두려워하여 우리나라와의 동맹 관계에서 이탈했으면 해서[105] 우리에게 이러한 요구를 했습니다. 즉, 만일 우리 아테네 및 다른 그리스 동맹국들과 계속 동맹군으로서 자 기[106]가 함께 참전해야 한다면 그 대가로 이전의 스파르타 사람 들이 자기에게 인도했었던 대륙에 사는 바로 그 그리스 사람들 에 대한 지배권을 넘겨 달라는 것이었습니다.[107] 그는 우리들이 그런 의사가 없다고 생각하여 그것이 자신에게 이탈을 위한 구 c 실이 될 수 있도록 그리했던 것입니다. 그런데 그는 우리를 제외 한 다른 동맹국들에 대해 잘못 생각하고 있었습니다.[108] 왜냐하 면 코린토스 사람들과 아르고스 사람들, 보이오티아 사람들, 그 리고 기타 동맹국들은 오히려 그에게 그들을 넘겨주는 것을 원

했기 때문입니다. 그리하여 그들은 만일 대왕이 자금을 제공해
준다면 대륙의 그리스 사람들을 넘겨주겠노라 동의하고 서약
을 해 버렸던 것입니다. 다만 우리들만 그런 짓을 하지 않았습니
다. 즉, 넘겨주지도 서약하지도 않았던 것입니다. 실로 그 정도
로 이 나라의 고귀하고 자유로운 기풍은 견고하고 강건하며 태
생적으로 이민족 사람들을 싫어하는바, 그것은 우리들이 순수   d
한 그리스 사람들이자 이민족 사람들의 피가 섞이지 않았기 때
문입니다. 실로 펠롭스의 후예들, 카드모스의 후예들, 이집트의
후예들, 그리고 다나오스 후예 등, 태생은 이민족이지만 법으로
는 그리스 사람들인 그 밖의 그 어느 나라 사람들과도 우리는 함
께 살지 않았으며,[109] 오히려 우리들은 진정한 그리스 사람들이
자 이민족과 피가 섞여 있지 않은 주민으로서 그 때문에 우리나
라 사람들에게는 다른 민족에 대한 순수한 증오가 몸에 배게 된
것입니다.[110] 그러나 어쨌거나 그럼에도 불구하고 우리들은 그
리스 사람들을 이민족 사람들에게 넘겨주는 파렴치하고 불경한
행위를 하려 하지 않았다는 것 때문에 다시 고립되었던 것입니   e
다. 그런데 우리들은 이전에 그런 이유 때문에 패배했던 것과 동
일한 처지에 직면하였는데 신의 가호로 그때보다 유리하게 전쟁
을 이끌어 갔습니다. 즉, 함선과 성벽, 그리고 우리 자신들의 식
민지를 유지한 채로[111] 우리는 전쟁을 종식시켰는데 적들로서도
결과적으로 그렇게 끝난 것이 다행스런 일이었습니다.[112] 그러나

그 전쟁에서 우리는 훌륭한 용사들을 잃었는데 그들이 다름 아
246a 닌 코린토스의 험난한 지형에서 싸움을 감행한 사람들, 그리고
레카이온에서 배반당한 사람들입니다.[113] 또 한편 페르시아 왕을
구하고 해상에서 스파르타 사람들을 물리친 사람들도 훌륭한 용
사들입니다.[114] 나는 여러분들로 하여금 그분들에 대해 상기시키
고자 하며, 한편 여러분들은 그러한 용사들을 칭송하고 경의를
표해야 마땅할 것입니다.

⟨18⟩

이상의 것이 여기에 잠든 사람들과 나라를 위해 죽은 다른 많
b 은 사람들이 세운 공적입니다. 많고도 훌륭한 이야기들이 언급
되었으나 아직도 더 많고 더 훌륭한 것들이 언급되지 않은 채 남
아 있습니다. 실로 그 모든 것을 다 말하려고 하는 자에게는 몇
날 며칠 밤이라도 충분치 않을 것입니다. 그러므로 사람들은 모
두 이분들을 추념하면서 이분들의 자손들에게 이렇게 권고해야
만 합니다. 선조들이 전장에서 그러했듯이 선조들의 전열(戰列)
을[115] 떠나지도 겁에 질려 뒤로 물러서지도 말라고 말입니다. 훌
륭한 사람들의 자제들이시여, 나 자신이 지금도 권고하고 있거
c 니와 앞으로도 당신들 중 누구와 만나더라도 당신들이 선조들을
상기하고 가능한 한 훌륭한 사람이 되도록 힘쓰라고 격려할 것
입니다.

그러나 지금 이 자리에선 이 말을 전하는 것이 온당합니다. 즉, 부친들께서 위험을 무릅쓰려 할 때마다, 자기가 무슨 일을 당하면 언제건 뒤에 남은 자들에게 전해 달라고 우리에게 당부한 것 말입니다. 이제 나는 당신들에게 그들 자신으로부터 내가 들었던 것과 그때 그들이 말씀하셨던 것들로 미루어 판단하여 그들이 힘이 있다면 당신들에게 지금 기꺼이 말해 주었을 그 말들을 일러 주고자 합니다. 자, 그러면 내가 전하는 말을 여러분은 그들 자신들로부터 듣는 것이라고 생각해야만 합니다. 그들은 이렇게 말씀하셨습니다.

〈19〉

'아들들아, 너희가 훌륭한 아버지의 자식들임은 지금 이 자리가　d
그것을 잘 보여 주고 있다. 우리는 추하게 살 수 있었으나 너희들과 너희들의 후손들이 비난을 받게 하고 우리의 아버지와 모든 선조들을 욕되게 하느니 그전에 아름답게 죽는 쪽을 택했노라. 왜냐하면 자신의 혈족을 욕되게 하는 자들에게 삶이란 살 가치가 없으며, 그런 자들에게는 지상에서건 사후 지하에서건 사람이건 신이건 누구도 친구가 돼 주지 않는다고 생각했기 때문이다. 그러므로 너희들은 우리의 말을 명심하고 다른 어떤 일을 할 때에도 덕[116]을 가지고 하지 않으면 안 된다. 덕이 없이는 재　e
산이든 일이든 모든 것이 수치스런 것이자 나쁜 것임을 알아야 한다. 왜냐하면 어떠한 부도 비겁함을 동반한 채 그것을 소유한 자에게는 아름다움을 가져다주지 않으며—그러한 자는 남을 위해 부유한 것이지 자기를 위해 부유한 것이 아니니까—또, 신체의 아름다움과 강함도 비겁하고 사악한 자에게 붙어 있으면 어울려 보이기는커녕 꼴사나워 보이고 그 소유자를 더욱 눈에 띄게 하여 그의 비겁함을 드러내 주기 때문이다. 모든 지식조차 정의와 그 밖의 덕으로부터 떨어져 있게 되면 지혜가 아니라 간사함으로 나타나는 것이다. 이 때문에 너희는 시종일관 줄기차게 모든 면에서[117] 열의를 갖고 영예에 있어서 우리들과 선조들을 최대한 능가하도록 노력하거라. 만약 그리하지 않는다면 명심해야 할 것이 있다. 즉, 우리가 덕에 있어서 너희를 이기면 그 승리는 우리에게 치욕을 가져다주지만, 우리가 지면 그 패배는 우리에게 행복이 된다는 것을. 그러나 이런 경우라면 최대한 우리들이 지고 너희들이 이기게 될 것이다. 즉, 자기가 대단한 인물이라고 여기는 자의 경우, 자기 힘으로써가 아니라 선조들의 명성을 가지고 자신을 존경받는 자로 만드는 것만큼 더 수치스러운 것은 없다는 것을 깨달아, 선조의 명성을 남용하거나 헛되이 하지 않을 마음가짐이 되어 있으면 말이다. 실로 부친의 명성은 자식들에게 아름답고 굉장한 보물이긴 하다. 그런데도 재산과 명예라는 보물을 다 써 버리고 자기 자신의 재산이나 명예가 없어서 그것들을 자식들에게 남겨 주지 않는 것은 수치스럽고 사내

답지 못한 것이다. 그래서 만일 너희들이 이런 가르침을 실천에   c
옮긴다면 정해진 운명이 너희들을 데려갈 때 너희들은 사랑하는
사람 곁에 오는 사랑하는 사람들로서 우리들에게 오게 될 것이
다. 그러나 가르침에 관심을 기울이지 않고 겁쟁이 짓을 하면 어
느 누구도 너희들을 친절하게 받아 주지 않을 것이다.' 자, 자식
들에게 이상의 것들을 말한 것으로 합시다.

〈20〉

그런데 우리들 중 누구는 아버님, 어머님이 계실 텐데 그분들에
대해서는 어차피 불행이 그분들께 생긴 이상 그 불행을 될 수 있
으면 쉽게 견뎌 낼 수 있도록 항상 격려해 드려야 하며 함께 슬
퍼해서는 안 됩니다. 그분들께서는 이 이상 더 고통스러워하실   d
필요가 없으실 테니까요. 왜냐하면 이미 일어난 불행만으로도
넘칠 정도의 고통이기 때문입니다. 오히려 고통을 위로하고 진
정시켜 드리기 위해 그분들로 하여금 자신들이 자식들을 위해
가장 큰 것으로 기원했던 것을 신들께서 들어 주셨다는 것을 상
기토록 해 드려야 합니다. 왜냐하면 그분들은 자기들 자식들이
죽지 않는 자[118]가 되기를 기원했던 것이 아니라 오히려 훌륭하
고 영예롭게 되기를 원했고 그래서 그들은 지금 가장 크고 훌륭
한 것을 얻으셨기 때문입니다. 그러나 유한한 인간이 자기 일생
동안 모든 것을 생각대로 이루어 낸다는 것은 쉬운 일이 아닙니

다. 그리고 그분들이 용감하게 불행을 이겨 내면 정말 그분들이

e　용감한 자식들의 아버지가 맞고 그분들 자신도 용감하다고 사람
들은 생각하겠지만 반대로 불행에 굴복한다면 사람들은 그분들
이 우리들의 아버지가 아니라든가 우리들을 칭송하는 자가 거짓
말을 하고 있다고 의심하게 될 것입니다. 그러나 이 두 가지 의
심들 중 어떤 것도 있어선 안 되며, 반대로 무엇보다도 그분들은
스스로의 행위를 통해 우리들을 칭송하는 사람들이 되셔야 합니
다.[119] 스스로를 정말 남자다운 자들의 남자다운 아버지들임을
몸소 보여 줌으로써 말입니다.[120] "무엇이든 지나치지 말라"[121]라
는 격언은 예로부터 명언으로 여겨졌습니다. 참으로 그것은 좋
은 말이기 때문입니다. 왜냐하면 행복을 가져다주는 모든 것 혹

248a　은 거의 모든 것[122]이 자기 자신에게 달려 있지 다른 사람들에게
걸려 있지 않아서 다른 사람들이 잘되느냐 못 되느냐에 따라 그
자신의 일도 좌지우지되지 않는 사람은 그가 누구든 인생을 가
장 훌륭하게 준비하는 사람인데, 절제 있는 사람들이 그런 사람
들이며, 또 용기 있고 사려 깊은 사람도 그러한 사람이기 때문입
니다. 그는 재물이나 자손을 얻든 잃든 무엇보다도 그 격언에 따
라 행할 것입니다. 왜냐하면 그는 스스로에 대한 믿음을 갖고 있
어서 지나치게 기쁘거나 슬픈 내색을 하지 않을 것이기 때문입

b　니다. 우리들은 우리들의 부모님들도 그러한 사람들이기를 기대
하고 원하며 또 그러한 사람들임을 주장합니다. 그리고 우리들

이 만일 이 자리에서 죽어야 한다면, 도가 지나치게 괴로워하거나 두려워하거나 하지 않아야만 우리들 자신도 지금 그러한 사람임을 내보이는 것이 될 것입니다. 그 때문에 우리는 부모님들에 대해 우리 자신들과 똑같은 생각으로 남은 생애를 보내시기를 간청합니다. 나아가 이런 사실도 알아주시기를 간청합니다. 만약 죽은 자가 산 자들이 하는 것을 보고 뭔가를 느낄 수 있다면,[123] 우리들을 애도하지도 비통해하지도 않는 것이 오히려 우리를 가장 기쁘게 하는 것이라는 사실,[124] 부모님들이 스스로를 괴롭히고 불행을 무겁게 짊어지고 계시면 오히려 그것이 우리들을 슬프게 할 것이라는 사실을 말입니다. 거꾸로 마음을 편히 가지고 절도 있게 견뎌 낸다면 그것이야말로 무엇보다도 더 우리들을 기쁘게 할 것입니다. 왜냐하면 우리들의 최후는 이미 인간에게 생길 수 있는 가장 아름다운 것을 누리는 것이므로, 그 최후를 슬퍼하기보다는 예찬하는 것[125]이 더 합당하기 때문입니다. 그리고 다른 한편으로 우리들의 처와 자식들을 보살펴 주시고 길러 주시면서 그들의 마음을 자기들 쪽으로 가게 해주신다면 그것이 불운을 잊는 가장 좋은 길일 것이며 또 그렇게 그들이 사는 것이 보다 더 아름답고 올바르며 또 우리에게도 더 기쁜 일입니다. 우리가 우리 가족들에게 전하고자 하는 것은 이것으로 충분합니다.

한편 나라에는 우리를 위해 우리들의 아버님들과 아들들을 돌봐

주시기를¹²⁶ 당부 드립니다.¹²⁷ 아들들은 규율 있게 양육해 주시
고 아버님들은 합당한 노후를 보내실 수 있도록 해 주셨으면 합
니다. 그러나 설사 우리가 당부 드리지 않더라도 나라는 그들을
충분히 돌봐 주시리라는 것을 우리는 지금 잘 알고 있습니다.'

〈21〉

e 전몰자들의 자식들, 그리고 양친들이시여, 이상이 우리들에게
그분들이 전해 달라고 위탁했던 말이고 그래서 저는 할 수 있는
온 힘을 다해서 그것을 전하였습니다. 나 자신 그들을 대신하여
바라건대, 자식들은 자신들의 부모들을 본받기 바라며 다른 한
편 부모들께서도 스스로를 위해 힘을 내십시오. 왜냐하면 우리
는 사적으로건 공적으로건 우리 각자가 여러분들 중 누구와 어
디에서 만나건 간에 당신들의 노후를 맡아 돌볼 것이기 때문입
니다. 당신들 자신 또한 국가의 배려를 잘 알고 계십니다. 즉, 국
가는 전장에서 목숨을 바친 분들의 자식들과 양친¹²⁸에 관한 법
249a 률을 정하여 그들을 돌보고 있고, 그분들의 부모들이 부당한 일
을 당하는 일이 없도록 하기 위해 다른 시민들에 우선하여 각별
히 보호하도록 나라가 최고통치기관에게 명하고 있다는 것을 말
입니다. 또한 국가는 직접 자식들의 양육에 동참하고 있습니다.
즉, 국가는 아직 어린 그들에 대해 아버지의 역할을 맡아 그들이
최대한 고아임을 못 느끼게 되도록 애쓰고 있으며, 아이가 성인

남자로 성장하게 되면 그들을 완전무장시켜서[129] 그들 자신의 집
으로 돌려보냅니다. 그것은 부친의 용맹이 깃든 무기를 수여하   b
여 부친의 위업을 보여 주고 마음으로 되새기게 함과 동시에 상
서로운 무기를 갖춰 가장으로서 권세를 갖고 부친의 화덕을 관
장하기 위해 그곳으로 출발할 수 있도록 하기 위한 것입니다.[130]
또 국가는 전몰자 그분들을 추앙하는 일을 결코 소홀히 하지 않
습니다. 즉, 국가는 매년 사적으로 각각의 집에서 이루어지는 것
과 똑같은 제례를 직접 모든 분들에 대해 공적으로 행하고 있고,
또 거기에 덧붙여 육상경기와 경마경기, 그리고 모든 종류의 학
예 경연을 개최하고 있습니다. 요컨대 국가는 전몰자들에 대해
서는 상속인과 아들의 몫을 맡아 하며 그들 자식에 대해서는 부   c
친의 역할을, 또 그들의 부모에 대해서는 보호자의 역할을 맡아,
모든 사람들에 대한 모든 보살핌을 시종일관 끊임없이 행하는
것입니다. 이러한 것들을 잘 명심하여 이 불행을 보다 더 거뜬하
게 견뎌 내야 할 것입니다. 왜냐하면 그렇게 함으로써 여러분들
은 돌아가신 분들에게나 살아 있는 사람들에게 가장 큰 기쁨을
주는 사람들이 될 것이고 또 보호를 하고 보호를 받기에도 가장
수월한 사람들이 될 것이기 때문입니다.

자, 이제 이미 여러분들과 또 다른 모든 사람들 또한 법률에
따라 전몰자들에 대해 깊은 애도의 염을 표했으니 모두 돌아들
가시기 바랍니다.”

〈22〉

d 메넥세노스여 자네에게 들려준 이상의 연설이 곧 밀레토스 사람인 아스파시아 님의 연설이라네.

메넥세노스 : 소크라테스 님, 제우스에게 맹세코 정말 선생님께서 말씀하신 아스파시아 님은 복 받으신 분이시군요. 여자이면서도 그와 같은 연설을 해 내실 수 있다면 말입니다.

소크라테스 : 아니, 믿기지 않는다면 나를 따라오게. 그러면 그녀의 연설을 들을 수 있을 걸세.

메넥세노스 : 소크라테스 님, 전 여러 번 아스파시아 님을 만났었고 그녀가 어떤 분이신지를 알고 있습니다.

소크라테스 : 그렇다면 어떤가? 자넨 그녀가 놀랍지 않은가? 그리고 지금 그녀의 연설에 감사해야 하지 않겠나?

e 메넥세노스 : 소크라테스 님, 정말 나는 너무도 이 연설에 대해 감사해 하고 있습니다. 그것을 당신에게 말해 주신 분이 그분이시건 누구이시건 간에요.[131] 게다가 그 밖에 여러 가지 점에서도 그것을 말해 주신 분께 감사한 마음을 갖고 있습니다.

소크라테스 : 좋아, 그러나 나에게서 들었다고 발설하지는 말게. 다음에 또 내가 자네에게 그녀에게서 들은 여러 가지 훌륭한 정치 연설을 들려줄 수 있도록 말이야.[132]

메넥세노스 : 염려하지 마세요. 발설하지 않을 테니까요. 그러니 꼭 들려주세요.

58

소크라테스 : 그래, 그렇게 해 줌세.

주석

1 **평의회 의사당** : Bouleutēria. 500인의 위원으로 구성된 평의회(Boulē)가 열리는 건물을 가리킨다. 평의회는 주요 사안 및 민회(ekklēsia)에서 다루어질 안건을 미리 심사하는 기관이다.

2 **물어볼 것도 없이 뻔하지, 뭐** : ē dēla de. 화자가 질문 후에 그 질문에 대한 답을 예상할 때 이 표현을 자주 쓴다. 플라톤의 『프로타고라스』 309a 참조.

3 **교양과 철학** : paideuseōs kai philosophias. 이 두 단어는 당시 공적인 경력을 위해 배워야 하는 교육의 전과정을 나타내는 말로 썼다. 여기서 철학의 내용은 주로 수사학과 변론술 내지 연설 기술을 말한다.

4 **좀 더 큰일** : ta meizō. 성인이 되어 수행하는 일, 즉 모든 시민의 주된 관심사인 공공의 일을 의미한다.

5 **어이, 이 친구** : hō thaumasie. 호격. 직역하면 '이 놀랄 만한 사람아'이지만, 우리말에는 적절한 역어가 없다. 소크라테스는 친하지만 그리 똑똑하거나 뛰어나지는 않은 사람을 부를 때 이 표현을 쓰곤 한다. 약간 냉소적 의미가 있다. Grave(1907) p. 84 참조.

6 **보호자** : epimelētēs. 정치 지도자. 관리 책임자. 그 밖에 장군이라는 뜻

도 있다.

7 이곳 외에 연설가를 뽑는 절차에 대해 언급한 유일한 책인 데모스테네스의 『관(冠)에 관하여』 285에 의하면 연설가는 dēmos가 뽑는다고 나오는데 통상 이 단어는 평의회(Boulē)가 아니라 민회를 가리킨다.

8 장례식 : taphē. 국가가 직접 주관하는 전몰자 장례식은 아마도 펠로폰네소스 전쟁 이후로 추정된다. 투퀴디데스 『역사』 II, 34 참조.

9 아르키노스나 디온 : 아르키노스는 기원전 403년 민주정파의 우두머리인 트라쉬불로스와 함께 아테네 참주정을 타도하고 민주정을 회복하는데 기여하였다. 아리스토텔레스 『아테네 정체』 34.3, 40.1~2 참조. 그러나 여기에 등장하는 디온이 누구인지는 불분명하다. 혹자는 크세노폰이 기원전 392년 페르샤에 사절로 갔던 사람으로 기록하고 있는 아테네인 디온을 가리킨다고 본다(크세노폰 『그리스 역사』 4.8.13).

10 딴 사람이 돼 버리곤 하네 : exestēka. exestēka 대신 Loeb 판본에서처럼 estēka를 택하면 귀 기울여 듣다 매료되어 '계속 서 있게 되네'라는 뜻임.

11 한층 위엄이 서는 : semnoteros. semnos는 기본적으로 종교적인 의미를 지닌 말이다. '한층 거룩해 보이는'을 뜻한다.

12 축복받은 사람들의 섬에 : en makrōn nēsois. 덕을 쌓은 사람들이 사후에 올림피아 신들과 함께 살고 있다고 말해지는 섬. 『국가』 504b, 고르기아스편 523d, 526c, 호메로스 『일리아스』 4.463~569, 헤시오도스 『일과 나날』 163~173, 핀다로스 『올림퓌아 찬가』 2.70 ff 참조. 『데모스테네스 추도 연설』 34에도 축복받은 섬 이야기가 나온다. 그러나 『휘페레이데스 추도 연설』 35~38에서는 사후 세계로 hadēs만 언급된다.

13 연설을 잘 해내는 게 그리 쉽지만은 않을 것 같습니다 : ou pany euporesein. '그리 잘 해내지는 못할 것입니다'라는 뜻이다.

14 어째서 그렇지? : pothen. 여기서 pothen은 안타까움이 아니라 냉소적이고 부정적인 의미를 담고 있다. 『고르기아스』 471d 참조.

15 펠로폰네소스 사람들 옆에서 아테네 사람들을 칭송해야 한다거나 :

Athēnaious en Peloponnēsiois eu legein. 이 부분의 내용은 eu legein
이 같은 의미의 epainein으로 바뀌어 표현될 뿐 아리스토텔레스의 『수
사학』에서 두 번이나 인용된 문장과 같다(iii. 9 §30, iii. 14 §11). 이러한
아리스토텔레스의 인용은 『메넥세노스』가 플라톤의 진짜 작품임을 뒷
받침하는 주요 근거가 되고 있다.

16 [그들을] 설득하고 [그들로부터] 호평을 얻는 데에 : tou peisontos kai
eudokimēsontos. 관사를 동반한 미래분사는 목적과 의도를 나타낼 때
쓰인다. Goodwin, *Mood and Tenses*, §108 참조.

17 자기가 연설로 치켜세우는 바로 그 사람들 옆에서 상찬을 받으려 할 때는
[어려울 것도 없으려니와 연설을 해 봐야] 아무도 그가 크게 연설을 잘한다고
여기지도 않을 것이야 : hotan de tis en toutois agōnizētai housper kai
epainei, ouden mega dokein eu legein. [어려울 것도 없으려니와 연
설을 해 봐야]는 앞 문장과 연관시켜 역자가 삽입한 말. '상찬을 받으려
하는 것'으로 옮긴 agōnizētai는 여러 사람 앞에서 상을 받으려고 경쟁
하는 상태를 뜻한다. 뒷부분은 "누구도 그를 대단한 연설가로 여기지
는 않을 거야"란 뜻이다.

18 아스파시아 님 : Aspasia. 밀레토스 출신. 아테네의 기녀(hetaira)로서 페
리클레스의 애인이 되어 그의 자식까지 낳았다. 당대의 작가들에 의하
면 미모와 재능을 갖춘 그녀의 집은 당대 최고의 문인들과 정객들의 사
교 장소였으며 소크라테스도 그녀와 교우를 나누었다고 전한다. 크세
노폰의 『소크라테스 회상』 II, 6, 36. 『외코노미쿠스』 3.14, 플루타르코
스 『비교 영웅전』 페리클레스 24~25 참조. 소크라테스와 아스파시아
모두 작중의 무대 설정 연대에 생존해 있지 않다는 점에서 이 대화편은
일정하게 시대 착오를 안고 있다. 「작품 해설」 참조.

19 콘노스 : Konnos. 플라톤의 『에우튀데모스』 272c에서도 소크라테스는
그를 "나의 키타라(현악기 일종) 선생님"이라고 말하고 있다. 소크라테
스보다 나이는 어리다.

20 람프로스 : Lampros. 기원전 5세기 음악가. 소포클레스의 스승으로도

전해진다(아테나이오스『지자(知者)들의 만찬』1. 37).

21 안티폰 : Antiphōn. 기원전 480~411. 당대 유명한 연설가이자 투퀴디
   데스의 스승으로도 전해진다. 그의 연설문 일부가 남아 있으며 아마 철
   학 작품을 쓴 안티폰과 동일 인물일 것이다. 민주정에 반대한 과두파
   정치인. 기원전 411년 400인 과두정이 타도되면서 끝내 반역죄로 처
   형당하였다. 투퀴디데스는 그의 능력을 극구 칭송하고 있다(투퀴디데스
   『역사』VIII, 68). 그래서 상당수의 주석가들은 이 문맥이 투퀴디데스에
   대한 조소를 함축한 것으로 보고 그 연장선상에서『메넥세노스』에서 소
   크라테스가 전하는 연설문이 투퀴디데스의『역사』에 실린 페리클레스
   의 연설문에 대한 냉소이자 안티테제라고 해석한다. 「작품 해설」참조.
   여기서 '안티폰에게 배운 그런 유의 사람'이 누구인지는 명백히 드러나
   있지 않지만 아마도 투퀴디데스 혹은 뤼시아스일 거라고 여기는 사람
   들이 많다.

22 전몰자들을 가리킨다.

23 페리클레스가 행한 추도 연설문 : ton epitaphion logon hon Periklēs
   eipen. 투퀴디데스의『역사』II, 34~46에서 전해지고 있는 유명한 연설.
   「부록」참조. 이로 미루어 아스파시아 이름으로 제시되는 소크라테스의
   연설은 페리클레스의 추도 연설에 대한 안티테제 내지 냉소로 여겨진
   다. 이에 따라『메넥세노스』를 페리클레스의 정치철학 비판을 담고 있
   는 매우 의미심장한 문서로 보고 그 의미를 다각적으로 추론하고 해석
   해 내려는 시도가 최근의 학자들에 의해 제기되었다. 「작품 해설」참조.

24 깜박하지만 않는다면 말이야 : ei mē adikō. "해낼 수 있어야 한다면 말
   이야"(B. Jowett), "정직한 사람이라면 말이야"(C.E. Graves) 등으로도 옮
   길 수 있다.

25 매도 맞을 뻔했지 : kai oligou plēgas elabon. 아스파시아 및 연설가들
   의 교육 방식이 암기 위주의 강압적인 방식으로 이루어지는 것에 대한
   비판을 함축. 그러나 소크라테스가 아스파시아를 높게 평가했다는 것
   은 분명해 보인다. Grave(1881) p. 90 참조.

26 그런데 어째서 당장 들려주지 않으세요? : ti oun ou diēlthes. diēlthes는 erchomai의 부정과거. 여기서는 이미 시작했어야 하는 것을 나타내는 용법으로 쓰였다.

27 우리 [둘]만 있으니까 : epeidē ge monō esmen. 이 문맥은 여러 가지로 해석될 수 있다. 우선, 이 문맥을 진지한 눈으로 들여다보면 소크라테스와 메넥세노스 사이의 관계가 매우 가깝다는 것을 나타내면서, 자신과 친밀한 메넥세노스가 섣불리 정치로 들어서려는 것을 어떻게든 막아 보려는 소크라테스의 의도를 엿볼 수 있는 대목으로 해석할 수 있다. 그러나 다른 한편 이 문맥은 이곳에서의 대화가 매우 사적인 것이자 스캔들적인 요소가 있다는 것을 전제함으로써 연설의 내용이 플라톤 자신의 생각이 아니라 연설 기술에 대한 일종의 냉소와 경멸을 담은 것임을 보여 주려 한 것으로 해석할 수도 있다.

28 [제례] 행위를 통해 : ergō. 행위(ergon)와 말(logos)은 추도 연설 여러 곳에 나오는 대표적인 안티테제들 중 하나이다. 그런데 여기서 ergon은 추도 행위와 영웅들의 용감한 행위 두 가지 의미로 사용되고 있는데 이런 용례는 이 연설과 투퀴디데스의 페리클레스 추도 연설 두 곳에서만 나타난다. 이것은 소크라테스의 추도 연설이 페리클레스의 추도 연설에 대한 대응으로 해석되는 하나의 근거가 된다. 이곳에서는 추도식의 두 요소, 즉 제례와 연설 중 연설에 대비되는 제례의 의미로 쓰였다. 「부록」 참조.

29 [제례 행위만으로는 부족한] 남아 있는 경의를 : ton leipomenon kosmon. 법률이 규정한 제례 형식상의 경의로만 채울 수 없는 그 이상의 도덕적 경의를 의미. 그래서 덧말 '제례 행위만으로는 부족한'을 삽입하였음.

30 소크라테스는 여기서 추도 연설의 적극적 측면을 부각시키고 있지만 페리클레스의 추도 연설이나 데모스테네스의 추도 연설에서는 추도 연설의 한계가 우선 지적된다. 이 점도 두 연설의 대비점들 중 하나이다.

31 탁월함 : aretē. 이곳에서는 "용맹함"으로도 번역될 수 있다.

32 태생과 교육에.

33 거류외인 : metoikos. 아테네에 거주하는 외국인을 일컫는 말.

34 토박이 : autochthōn. 대지에서 태어난 사람이란 뜻이다. 아테네인도 기원전 15세기 이전에 발칸반도로 남하한 종족이긴 하나 기원전 11세기 도리아인들이 남하할 당시 대부분 지방 사람들은 살던 지역을 피해 이동한 것과 달리 앗티케는 그 침입을 막아 이후 그들 스스로 토착민으로 자칭하며 자부심을 갖게 되었다. 헤로도토스 『역사』 VII, 161 참조.

35 이 문장을 직역하면 "그래서 이제 죽어서는 자신들이 태어났고 자라났고 [자신들을] 받아들인 고향땅(국토)에 누울 수 있었다." kai nyn keisthai teleutēsantas en oikeiois topois tēs tekousēs kai threpsasēs kai hypodexamenēs. 부정사 keisthai는 위 문장의 apophēnamenē에 걸리는 분사로 쓰여야 문법상 자연스러우나 분사가 연속적으로 이어지는 것을 피하기 위해 부정사로 썼다.

36 재판까지 벌인 이야기 : 아테네의 수호신 자리를 둘러싸고 포세이돈은 말을 가져다주었으나, 아테나는 그보다 귀한 올리브를 길러 포세이돈을 이긴 이야기를 말한다. 헤로도토스 『역사』 8.55 참조.

37 들짐승과 가축 : thēria te kai bota. 바로 뒤에 나오는 thērion agrion은 '야수'로 번역했다.

38 태어난 새끼에게 : tō gennōmenō. 현재형. 새끼가 태어나는 시점의 상황을 묘사한 것이다.

39 보리 : krithē. 보리의 재배는 대지의 여신 데메테르에 의해 앗티케 지방에 처음으로 들어왔다고 한다.

40 노고에 대한 위로로서 : ponōn arōgēn. 근육을 풀어 주는 일종의 오일 마사지를 표현한 것이리라. 『프로타고라스』 334b 참조.

41 그 신들의 이름 : 아테나, 헤파이스토스, 아레스.

42 최선자 정체 : aristokratia. aristokratia는 일반적으로 소수 사람들이 최고 권력을 행사하는 과두정을 가리키나 이곳에서는 그야말로 문자 그대로 '소수의 훌륭한 엘리트가 지배하는 정치체제'를 말한다. 기본적으로 아테네는 민주정이긴 하지만 줄곧 왕들이 있어 왔다는 점을 들어 아

테네의 정치체제를 자신이 찬성하는 소수 엘리트 정치체제로 최대한 좋게 해석하려는 의도를 보이고 있다. 사실 아테네는 원래 왕정이었으나 민주정 이후에도 아테네의 최고직책인 아르콘들(9명)에 왕(basileus)이라는 이름을 사용하였다. 그야말로 그 뒤에 표현되어 있듯 '대중의 찬성이 수반된 최선자 정체(met' eudoxias plēthous aristokratia)'인 것이다.

43 그리스어로는 한 단어인 politeuometha를 "시민으로서의 생활을 영위하다"라고 풀어서 옮겼다.

44 그때그때 가장 훌륭하다고 생각되는 사람들에게 : tois aei doxasin aristois einai. 정치체제와 관련한 이 문맥에서 dokein의 반복적인 사용은 민주정에 대한 플라톤의 칭찬이 사실은 진실이 아니라는 증거로 해석되어 왔다. 그러나 『고르기아스』에서 상술된 연설 기술의 이론은 오늘날 그것을 냉소적 풍자로 의심하는 경향보다 플라톤의 의도를 이해하는 보다 좋은 실마리를 제공해 준다. 플라톤은 여기서 민주정에 대한 투퀴디데스의 생각을 희롱하고 있지만 그것이 의도하는 효과는 기본적으로 우스갯소리가 아니다. 그것은 분명 플라톤의 선취의 원리에서 나온 것이다. 그는 아테네의 정체들이 갖는 특징들 중에서 뭔가를 택해 자신의 정치적 영감 쪽으로 갖다 붙이기 위해 약간 변형을 가한 것이 아니었을까? 그러므로 플라톤은 한편으로 아직도 아테네에 왕들이 있다는 사실을 지적하면서 다른 한편으로 그들이 추첨에 의해 뽑힌다는 이야기는 빠뜨린 채 마치 그들이 덕에 따라 선거로 선출되는 양 언급하고 있는 것이다. 이것은 결코 아테네 민주정에 대한 패러디로 볼 수 없으며 오히려 그것은 플라톤의 의도가 개입된 아테네 민주정에 대한 그의 희망 섞인 권면을 나타낸 것이다. 해석상 "dokein"을 강조한다는 것은 플라톤의 관점에서 볼 때 아테네 정체의 가장 좋은 모습에서조차도 장군을 선출함에 있어 드러낼 수 있는 단점을 지적하는 것이다. 즉, 아테네 정체가 장군을 선출한다 하더라도 그들은 대중에 의해 가장 좋다고 여겨지는 사람들이지 진정 지배하기에 최고의 사람은 아닌 것이다. C.

Kahn(1975) pp. 225~226 참조.

45 법률에 따른 [법적] 평등 : isonomian ··· kata nomon. 계급적 특권을 인정하지 않는 법 앞의 평등을 의미한다.

46 이민족 사람들 : barbaroi. 그리스 이외의 이민족을 가리킨다. 참조로 외국인은 xenos이다.

47 에우몰포스 : Eumolpos. 전설상의 트라키아 왕. 아테네가 엘레우시스와 싸웠을 때 엘레우시스를 도와 싸웠으나 아테네의 왕 에렉테우스는 그를 물리치기 위해 델포이 신탁에 따라 자신의 딸들을 바치고 마침내 에우몰포스를 죽여 승리를 거둔다. 이 이야기는 에우리피데스의 『에렉테우스』에 담겨 있다고 하나, 단지 일부 내용이 뤼쿠르고스의 인용으로 전해지고 있다. 에우몰포스는 유명한 엘레우시스 비밀 의식의 창시자로도 전해진다. 투퀴디데스 『역사』 II, 15, 뤼쿠르고스 『레오크라테스에 대항하여』 100 참조.

48 아마존 : Amazon. 흑해 부근에서 여성만으로 이루어진 국가를 세웠다는 전설적인 부족. 아마존이란 이름은 a-mazos, 즉 유방이 없다는 의미. 이들은 활과 창을 자유롭게 쓰기 위해 오른쪽 유방을 절개하는 습관을 갖고 있을 정도로 용맹하였다고 한다. 그리스 사람들이 아마존을 공격한 것에 대한 복수로 아티카를 침입했으나 아테네 왕 테세우스에 의해 패퇴하고 만다. 이들에 대한 이야기는 플루타르코스 『비교 영웅전: 테세우스』 26~27 참조.

49 어떻게 물리쳤으며 : hos emunanto. 뒤에 나오는 diegesasthai(자세하게 열거하기)에 걸린다. 이 부분은 동사 amyno와 amynomai의 차이를 잘 보여 주는 곳이다. 전자는 여격과 합해 "돕다"라는 의미가 되고 후자는 목적격과 합해 "방어해 내다"라는 의미를 갖는다.

50 아르고스 티륀스의 왕 에우리스테우스는 아테네인들과 함께 피신해 있던 헤라클레스의 후예들에게 항복을 요구하고, 그 승낙을 얻어 내기 위해 앗티케를 침공하였으나 테세우스에게 패해 감옥에 갇히는 신세가 된다. 이소크라테스의 『칭송연설(Panegyrikos)』 52, 55, 58 참조.

51 이들에 대한 전설은 서사시에 의해서 전해지고 또 서정시나 비극에서
도 노래되고 있다.

52 산문 : logos. 여기서 logos는 위의 "시가"(mousikē)와 대비되는 산문을
의미. "상대가 안 될 것입니다"의 원문은 deuteroi(둘째가 될 것이다), 즉
뒤떨어진다는 뜻이다.

53 망각 속에 : en amnēstia. 벡커와 슈탈바움은 amnēstia 대신에 mnēstia
를 택하고 있다.

54 생각으로[나마] 그 시대로 가서 : en ekeinō tō chronō genomenon logō.
여기서 logō는 ergō에 대비되는 것으로 다만 "생각으로 또는 마음속으
로(in imagination)"라는 뜻이다. 내용상 풀어 말하면 "마음속으로 자기
가 직접 그 시대에 가 있는 것처럼 하여"를 뜻한다.

55 제3대 페르시아 왕 : tritō basilei. 그냥 "제3대 왕"의 뜻이나 basileus(왕)
라는 말이 그 자체로 페르시아 왕을 가리키는 것으로 쓰이는 경우가 종
종 있다. 이 경우도 그에 해당한다. 그래서 역어로는 "제3대 페르시아
왕"으로 번역했다. 투퀴디데스『역사』II, 62 참조.

56 퀴로스 : Kyros. 퀴로스(재위 기원전 557~530)는 페르시아 제국의 형성에
지대한 공헌을 한 왕이다. 페르시아인은 페르시아만 동안에 소왕국을
형성하고 몇 개의 부족으로 나뉘어 농경 목축을 하였으나 에크바타나
에 수도를 둔 메디아인에게 예속되어 있었다. 퀴로스는 메디아 왕 아스
튀아게스의 딸과 페르시아인 사이에서 태어났으며 페르시아인을 이끌
고 메디아를 물리쳤다.

57 다레이오스 : Dareios. 퀴로스의 아들 캄뷔세스(재위 기원전 530~522)는
이집트를 페르시아 영토로 삼았고 캄뷔세스가 죽자 다레이오스가 권력
을 이어받아 기원전 486년 자신이 죽을 때까지 페르시아를 지배했다.
페르시아 제국의 성장 과정은 헤로도토스『역사』제1~4권에 잘 나타나
있다.

58 헤로도토스『역사』V, 101 이하 참조. 그러나 헤로도토스에서는 50만
이라는 숫자는 나타나 있지 않다.

59 기원전 498년 아테네와 에레트리아는 다레이오스왕에게 반기를 든 이오니아의 그리스 사람들 도시 밀레토스를 도와 페르시아의 사르디스를 공략하고 전 도시를 불태웠다. 490년 그리스 본토에 대한 다리우스의 침공은 사실 이 사건에 대한 보복으로 이루어진 것이다. 그러나 이곳에서 그리스 사람들이 먼저 침공한 사실은 언급되지 않고 있다. 헤로도토스 『역사』 5권 99~102쪽 참조.

60 [이쪽] 바다에서 [반대쪽] 바다까지 : ek thalattēs eis thalattan. 직역하면 '바다에서 바다까지'이나 의미상 보충어를 붙였다.

61 『법률』 689c에도 비슷한 이야기가 나온다.

62 기원전 490년 여름.

63 같은 올가미를 씌워 강제로 : en tē autē tautē anankē. '같은 강제적인 방식으로'라는 뜻이다.

64 사실 스파르타는 출정을 주저하거나 일부러 늦게 도착한 것이 아니라 그들의 관습에 따라 보름달이 뜨는 날까지 출정을 기다렸던 것이다. 헤로도토스 『역사』 VI, 106, 120 참조.

65 위업을 본받아 : to ergon apoblepsantes. ergon을 여기서는 '위업'으로 옮겼다.

66 기원전 480년 페르시아는 대군을 이끌고 아티카에 침입해 아테네를 점령했으나 아테네 맞은편 살라미스만 해전에서 대패한 후 결국 북방으로 패퇴했다. 헤로도토스 『역사』 VIII, 56~96(살라미스 해전), 16~18(아르테미시온곶 해전) 참조.

67 그것 : 위업의 달성을 가리킨다.

68 그리스 사람들의 두 번째 두려움 : ton echomenon phobon … tōn Hellēnōn. 여기서 echomenon은 '그다음 번째'(be next to)라는 의미이다. 그리스 사람들의 해전에 대한 두려움을 말한다.

69 기원전 479년 페르시아 잔류군 35만은 플라타이아에서 그리스 연합군에게 패한다. 헤로도토스 『역사』 IX, 1~89 참조.

70) 그리스의 많은 나라들 : pollai men poleis tōn Hellēnōn. 당시 테베, 보

이오티아, 테살리아 등 에게해 주변 국가들은 여전히 페르시아의 영향권 아래 있었다.

71 바다로부터 모든 이민족 군사들을 쓸어 내어 : xelasantes pan to barbaron ek tēs thalattēs. 그리스는 뮈칼레 해전에서 승리함으로써 해상권을 확보하기 시작하였고 같은 날 플라타이아에서도 승리를 거두어 승전의 발판을 마련하였다. 그리고 마침내 키몬이 대미를 장식한다(기원전 465년). 그러나 키몬은 후에 이집트로 추방되는 불운을 맞이한다. 투퀴디데스『역사』I, 104, 109 참조.

72 기원전 466년 소아시아의 에우리메돈강 하구에서 밀티아스의 아들 키몬을 사령관으로 한 아테네군은 페르시아를 물리쳤다. 투퀴디데스『역사』I, 100 참조.

73 페르시아 전쟁 후 아테네는 델로스 동맹을 결성하여 계속하여 페르시아 해군의 근거지인 퀴프로스(기원전 478년) 등 각지를 공격하였다. 투퀴디데스『역사』I, 94~95.

74 기원전 460년경 아테네는 페르시아에 등을 돌려 위기에 처한 리비아의 이나로스왕을 돕기 위해 이집트를 원정하나 초반기의 승리에도 불구하고 기원전 455년 페르시아군에 의해 전멸당한다. 투퀴디데스『역사』I, 104, 109~110.

75 기원전 449년 아테네와 페르시아가 체결한 칼리아스 조약.

76 시샘으로부터 질투가 : apo zēlou de phthonos. zēlos는 자신을 선망하는 대상 수준으로 스스로를 끌어올렸으면 하는 바람이고 phthonos는 그런 바람이 이루어질 수 없어 그 선망의 대상을 자기 수준으로 끌어내리려는 마음이다.

77 도우려 했던 : eboēthoun: 주석 78)에서도 설명하였듯이 스파르타는 보이오티아를 돕기 위해 원정을 왔다가 타나그라 전투에서 피해를 입은 후 철수해 버렸다. 그리고 바로 얼마 후 오히려 테바이를 도와 보이오티아를 자신들의 세력하에 두려 하자, 아테네는 군대를 보내 오이노퓌타에서 그들을 무찌르고 보이오티아를 자신들의 세력하에 두었다.

eboēthoun은 미완료형이지만 내용상 도우러 왔다 돌아간 사정을 고려하여 '도우러 했던'으로 번역했다.

78 기원전 457년 보이오티아의 도시 타나그라에서 보이오티아를 도우러 출정한 스파르타군과 아테네군 사이에 전투가 벌어져 양쪽 모두 막대한 피해를 입었다. 플라톤은 이 전투에서 누가 이겼는지 양론이 있다고 말하고 있으나 투퀴디데스는 분명 아테네군이 패배하였다고 기술하고 있다. 아마도 그로부터 62일 후 오이노퓌타에서 벌어진 스파르타와의 전투에서 뮈로니데스가 이끈 아테네가 승리를 거둔 것을 염두에 둔 것일 것이다. 투퀴디데스 『역사』 IV, 2~41 참조.

79 이미 [그리스 사람들의] 자유를 위해 [동료] 그리스 사람들을 도와 [같은] 그리스 사람들인 [스파르타 사람들]에 맞서 [싸웠던] : Hellēsin ēdē hyper tēs eleutherias boēthountes pros Hellēnas. 이 부분은 의미상 원문에 없는 보충어를 많이 넣었다.

80 이후 전쟁이 크게 확대되어 : meta de tauta pollou polemou genomenou. 기원전 431~404년 무려 근 30년 동안 스파르타와 아테네 사이에 치러진 펠로폰네소스 전쟁을 가리킨다. 이 전쟁으로 그리스 사회는 심각한 내분에 휩싸이면서 서서히 몰락의 길을 걷는다.

81 국토를 유린하면서 : temontōn tēn chōran. 스파르타는 전쟁 기간 내내 거의 매해 앗티케 지방을 쳐들어왔다. 이에 따라 아테네는 페리클레스의 정책에 따라 시골 지방의 방어는 포기하고 아테네 도심과 페이라이에우스 항만을 성벽으로 둘러싸고 지키면서 해군으로 스파르타 진영 각 지역을 공격했다.

82 그들의 우두머리인 스파르타 사람들을 스파기아에서 포로로 잡아 : labontes autōn tous hēgemonas Lakedaimonious en tēi Sphagiai. 스파기아는 펠로폰네소스반도 남부 퓔로스 해안 맞은편에 있는 섬이다. 기원전 425년에 아테네군은 이곳에서 벌어진 전투에서 스파르타군에게 승리를 거두고 많은 병력을 포로로 잡았다. 투퀴디데스 『역사』 IV, 2~41 참조.

83 투퀴디데스에 의하면 아테네는 포로를 인질로 이용했던 것이다(투퀴디

데스 『역사』 IV, 41 참조). 그리하여 기원전 421년 니키아스의 강화가 체결된다. 그러나 그 후에도 전쟁 상태가 계속된다. 투퀴디데스 『역사』 V, 18~24쪽 참조.

84 그리스가 분열하여 싸운 그 전쟁 : stasiasasēs tēs Hellados. stasis는 동족 간에 일어난 내전을 의미한다.

85 우두머리를 : tous proestōtas. 스파르타를 가리킨다.

86 펠로폰네소스 전쟁 후반의 전쟁(기원전 415~413년). 이 전쟁은 아테네의 시켈리아 원정으로 시작되었는데 그 원정은 실패로 끝난다.

87 항로의 길이로 인한 : dia de mēkos tou plou. '그 뱃길이 멀어'라는 뜻이다.

88 뜻을 이루지 못한 채 : apeipontes. "[결국] 탈진을 하여"라는 다른 번역도 있다.

89 아테네와 레온티노이는 오래전부터 동맹 조약을 맺은 친밀한 동맹국이기도 했지만 사실 아테네는 시켈리아를 지배할 목적으로 대규모의 원정군을 보냈다. 그러나 결국은 스파르타에 의해 전멸되고 국력과 위신을 크게 손상했다. 투퀴디데스 『역사』 VII~VIII 참조.

90 기원전 411년 헬레스폰토스의 퀴노세마, 아뷔도스에서 벌어진 해전과 기원전 410년 알키비아데스 지휘하에 치러진 흑해 연안 퀴지코스 해전 등을 말한다. 알키비아데스는 퀴지코스 전투에서 스파르타에 대패한다. 투퀴디데스 『역사』 VIII, 104~106 참조.

91 기원전 412년 스파르타는 이오니아에서 아테네의 영향력을 봉쇄하기 위해 페르시아 왕 팃사페르네스와 동맹 조약을 체결한다. 이는 페르시아 원정에서 패배한 알키비아데스가 문책을 두려워하여 스파르타로 도망한 후 건의한 데에 따른 것이다. 투퀴디데스 『역사』 VIII, 17~18, 36~37 참조.

92 기원전 406년 코논이 지휘하는 아테네군은 레스보스섬 뮈틸레네에서 스파르타 해군에 포위되었다고 한다.

93 기원전 406년 코논이 지휘하는 아테네군은 에게해 동쪽 레스보스섬 뮈

틸레네에서 스파르타 해군에 포위되었으나 구원군이 출정하여 뮈틸레네 근처 아르기누사이에서 스파르타 해군을 격파한다. 이때 아테네에서는 자유인이든 노예든 싸울 수 있는 자는 모두 구원군에 참가했다고 한다. 그러나 승리를 거둔 후 풍랑을 만나 많은 사상자가 발생하였는데 이때 난파된 배에 탄 사람들을 구하지 못했다는 이유로 이 해전에 참가한 장군들이 돌아와 재판에 회부되어 그중 6명은 처형되었다. 크세노폰 『그리스역사』 VI, 24~VII. 플라톤 『소크라테스의 변론』 32b 참조.

94 아테네는 기원전 405년 아이고스 포타모이 해전에서 패하여 제해권을 잃고 기원전 404년 결국 스파르타에 항복했다. "우리의 불화"란 아테네 내부에서 극심했던 항전파와 화평파, 민주파와 과두파의 대립을 말한다.

95 펠로폰네소스 전쟁 패배 후 아테네에 과두파 30인 독재체제가 들어서자 기원전 404년 트라쉬불로스가 이끄는 민주파 사이에 내전이 발발하였다. 크세노폰 『그리스 역사』 II, 4 ff 참조.

96 내전에 처한 나라에 사는 그 누구라도 그저 우리나라 정도만큼만 홍역을 치렀으면 하고 바랄 만큼, 내전을 심하지 않게 치렀다는 뜻이다.

97 내전에서 승리한 민주파가 페이라이에우스에 상륙하자 과두파 30인은 엘레우시스로 도망하였고 그 밖의 나머지 사람들은 민주파를 기꺼이 맞이하였다.

98 그 후 엘레우시스로 도망간 자들에 대해서도 절충을 통해 관용이 베풀어졌다. 승리 후 민주파가 반대파에 행한 온화한 조치들에 대해서는 플라톤 『일곱 번째 편지』 325b에도 기술되어 있다.

99 **충분히** : hikanōs. 이 부분 원문에서 Burnet는 kakōs 앞 hikanōs에 삭제 표시를 해 두고 있으나 이곳에서는 살려서 번역했다.

100 펠로폰네소스 전쟁에서 승리한 스파르타는 아테네의 군함 20척을 제외한 모든 것을 빼앗아 태워 버렸고 성벽도 파괴하였다. 플루타르코스 『영웅전』 뤼산드로스 15, 크세노폰 『그리스 역사』 II, 2, 23 참조.

101 펠로폰네소스 전쟁 이후 자유와 독립을 보장하겠다던 스파르타가 약

속을 파기하고 힘으로써 지배하려 하자 이에 반발한 여러 도시들이 이번에는 아테네와 동맹하여 스파르타와 싸웠는데 그 대표적인 전투가 코린토스 전쟁(기원전 395~386년)이다.

102 스파르타가 페르시아의 왕위 계승 전쟁에 용병을 보내 개입하고 이오니아에서 세력을 확장하려 하자 페르시아는 다시 스파르타와 대립하고 한편으로 아테네에 추파를 보낸다.

103 이들 중 한 사람으로 전 아테네 장군 코논을 들 수 있을 것이다. 그는 기원전 505년 아이고스포타모이 해전에서 패배한 것에 대한 문책이 두려워 페르시아에 망명 후 페르시아군 지휘관이 되어 기원전 394년 스파르타 해군을 쿠니도스에서 무찔렀다. 이 공로로 그는 다음해 아테네로 돌아와 중용된 후 성벽을 재건하여 페이라이에우스를 요새화하는 데 힘썼다.

104 파로스섬 사람들을 위한 전투에 대해서는 어느 기록에도 나타나 있지 않다. 그래서 일부 주석가들은 이 부분과 관련해 플라톤 자신이나 필사자들이 "페르시아 사람들"이라고 써야 할 것을 실수로 잘못 쓴 것이라고 해석하기도 한다.

105 스파르타는 코논에게 패한 후 에게해에서 해상지배권을 상실하게 된다. 그렇게 되자 페르시아는 그리스에서 세력 균형이 깨져 아테네가 강대해질 것을 두려워하여 아테네와 그리스 도시들에 대한 그동안의 원조를 끊고자 하였다.

106 자기 : 페르시아 왕을 가리킨다.

107 기원전 411년 스파르타와 페르시아는 이오니아의 그리스 도시들을 페르시아의 지배하에 두는 조약을 체결하였으나 스파르타의 패퇴로 인해 그 조약이 유명무실해지자 아테네에게 다시 그것을 요구하게 된 것이다.

108 잘못 생각하고 있었습니다 : 그들 역시 자기의 요구를 받아들이지 않을 것이라고 잘못 생각하고 있다는 뜻이다.

109 펠롭스, 카드모스, 아이귑토스(이집트)는 전설상의 인물들이다. 펠롭

스는 소아시아의 왕 탄탈로스의 아들로서 펠로폰네소스 땅의 시조이
자 뮈케나이 왕가의 조상으로 전해진다. 카드모스는 페니키아의 왕
아게노르의 아들로 보이오티아 지방 테바이 왕가의 조상으로, 그리고
아이귑토스와 다나오스는 모두 이집트 왕으로 전해진다. 다나오스는
아이귑토스의 동생으로 이집트에서 펠로폰네소스의 아르고스로 망명
했다고 전해진다. 아이귑토스를 비롯해 이곳에 나오는 이름들은 모두
지명이 아니라 인물명이므로 번역문에서는 모두 그들의 후예로 번역
했다.

110 "배어 있다"로 번역한 syntēkein은 통상 금속 주물의 금형 과정과 관
련하여 쓰이는 말이다.

111 기원전 387년 체결된 "안탈키다스 평화 조약". 이 조약에서 아테네,
스파르타, 페르시아는 각각의 지배 영역을 협정하고 페르시아는 소아
시아의 여러 도시를 얻었다.

112 페르시아 왕 아르타크세르크세스는 기원전 386년 페르시아 전쟁의
종식을 선언했다. 이것이 이른바 "왕의 평화"로 불리는 것이다. 크세
노폰 『그리스 역사』 5.1.29~31 참조.

113 기원전 393년 아테네군은 코린토스의 친스파르타파에게 속아 코린토
스 서쪽의 항구도시 레카이온에서 스파르타 등의 복병을 맞아 큰 피
해를 입고 패퇴하였다. 스파르타는 이 도시를 아테네 동맹군에 대항
하는 전진 기지로 사용하였다. 크세노폰 『그리스 역사』 IV, 4, 7~14.

114 훌륭한 용사들 : 245a에서 코논이 이끈 해전에 참가한 사람들을 가리
킨다.

115 선조들의 전열(戰列)을 : tēn taxin tēn tōn progonōn. 전열은 일차적 의
미로 '질서'를 뜻하는 taxis를 옮긴 말이다. '서 있어야 할 자리'란 뜻이다.

116 덕 : aretē. '용기'라고 옮길 수 있으나 후반부 자식들과 부모들에게 행
하는 연설의 문맥상 넓게 번역하였다.

117 시종일관 줄기차게 모든 면에서 : dia pantos pasan pantōs. '모든 것에
걸쳐 모든 힘을 기울여.' 이처럼 동일 단어의 서로 다른 형태를 연거

푸 세 번 이상 반복하여 쓰는 용례는 강조를 위한 연설 기법상의 표현으로서 특히 고르기아스가 즐겨 사용했다고 한다.

118 죽지 않는 자 : athanatos. athanatos는 "불멸하는 자", "사멸하지 않는 자"라는 의미이나 여기선 전쟁에서 죽지 않는 것보다 영예를 중시하는 모습을 표현한 것일 것이다.

119 여기서 말하는 '두 가지 의심'은 전몰자의 부모에 대한 의심과 전몰자를 칭송하는 자에 대한 의심을 말한다. 전몰자를 칭송하는 사람들로서 연설가와 부모가 있다면 연설가가 말(logō)로 칭송하는 데 비해, 부모는 행위를 통해(ergō) 몸소 용기를 보여 줌으로써 전몰자인 자식을 칭송해야 한다는 것을 의미한다.

120 정말 남자다운 자들의 남자다운 아버지들임을 [몸소] 보여 줌으로써 말입니다 : 앞에서 "용감한 자식들의 아버지(andreiōn paidōn pateres)"와 달리 이곳에서 "남자다운 자들의 남자다운 아버지(pateras ontas andras andrōn)"라고 번역한 것은 각기 다른 단어(andreios와 aner)가 사용된 것에 따른 것이나 의미상 차이는 거의 없다.

121 무엇이든 지나치지 말라 : mēden agan. 칠현인 가운데 한 사람인 스파르타 사람 킬론의 말이라고 전해진다. 플라톤의 『프로타고라스』 343b 참조.

122 혹은 거의 모든 것 : ē engys toutou. 행복을 가져다주는 것 중 일부는 자신의 노력만이 아니라 운도 관계가 있음을 의미한다.

123 만약 죽은 자가 산 자들이 하는 것을 보고 뭔가를 느낄 수 있다면 : ei tis esti tois teteleutēkosin aisthēsis tōn zōntōn. 직역하면 "죽은 자들에게 살아 있는 자들에 대한 뭔가 지각 능력이 있다면"이 된다.

124 『법률』 927a 이하 참조.

125 예찬하는 것 : kosmein. kosmein의 직접적인 의미는 "치장하는 것"을 뜻한다. "존경과 찬양으로 잘 단장하는 것"을 의미할 것이다.

126 아버님들과 아들을 돌봐 주시기를 : paterōn kai hyeōn epimelēsontai. pater가 부모로도 쓰이는 용례는 나중의 것이긴 하나 아무튼 여기선

248b(부모 paterōn kai mēterōn), 247d(자식들 paidōn)에서와 달리 어머니와 딸은 빠진 표현이다.

127 『법률』 926d 이하 참조.

128 자식들과 양친 : paidas te kai gennētoras. 참조로 248c의 '처와 자식들'의 원문은 'gynaikōn kai paidōn.'

129 완전무장시켜서 : panopliai kosmēsasa. 아테네에서는 18세에 성년식이 거행되고 병적에 기록됨과 함께 군복과 신병휘장을 부여받은 후 20세가 되면 군사훈련을 받고 군인으로 복무하였다. 여기서 완전무장이란 중갑 보병의 무장으로서 투구, 갑옷, 무릎보호대, 방패, 검, 창을 갖춘 상태이다. 디오뉘시아 축제 시 비극경연이 있기 전에 성인에 달한 유자녀들이 이 완전무장으로 등장하여 그들이 이제부터는 시민의 힘으로 성인이 되어 자립한다는 것이 공표되었다고 한다.

130 동시에 상서로운 무기를 갖춰 가장으로서 권세를 갖고 부친의 화덕을 관장하기 위해 그곳으로 출발할 수 있도록 하기 위한 것입니다 : kai hama oiōnou charin archesthai ienai epi tēn patrōian hestian arxonta met' ischyos hoplois kekosmēmenon. "무기를 갖춰 부친의 화덕을 향해 상서롭게 출발하여 그것을 [가장의] 권세로 다스릴 수 있도록 하기 위한 것입니다"라고도 옮길 수 있다. 화덕(hestia)은 집안의 중심을 가리킨다. 새로운 가장으로서 부친의 가업을 이어받는 것을 말한다.

131 소크라테스가 연설의 저자가 아스파시아임을 수차 확인해 주고 있음에도 메넥세노스는 여전히 그것을 의심하고 있다. 『메넥세노스』를 패러디로 보는 사람들은 이곳에서의 메넥세노스의 감탄을, 청중을 홀리는 연설가의 모습을 소크라테스가 그대로 재현해 보인 결과로 해석한다. 즉, 패러디가 성공한 것이다. 아니면 혹시 플라톤은 자신이 연설 기술을 구사했다는 것을 피하면서 동시에 그 연설가들의 기법을 역이용하여 당면한 정치적 현안에 대한 자신의 생각을 전하려고 이와 같은 복선을 끌어들이고 있는 것인지도 모른다. 「작품 해설」 참조.

132 정치 연설이란 공식적인 연설뿐만 아니라 민회 및 평의회 혹은 재판

정에서 구체적인 현안 문제에 대해 회의하는 과정에서 이루어지는 일반 연설까지 포함할 것이다. 이 부분은 페리클레스의 연설이 상당 부분 아스파시아가 써 준 것임을 암시하고 있다.

작품 안내

『메넥세노스』는 플라톤의 대화편들 중 아주 짧은 작품에 속한다. 구성 역시 단순하다. 도입부와 마무리 부분에서 소크라테스와 메넥세노스 사이에 이루어진 간단한 대화를 제외하면 나머지 부분은 모두 소크라테스의 이야기로 채워져 있다. 특징적인 것이 있다면 소크라테스가 전하는 이 이야기가 전몰자에 대한 추도 연설문이라는 점이다. 소크라테스는 평의회가 전몰자를 위한 추도식전에서 연설할 사람을 뽑는다는 소식을 메넥세노스로부터 전해 듣고 연설가에 대해 짧게 비평한 후 메넥세노스의 요청에 따라 아스파시아가 가르쳐 주었다는 추도 연설을 들려준다.

전몰자를 위해 추도 연설(epitaphios logos)을 하는 것은 아테네에서는 관례적인 것이었다. 그래서 이 대화편 이외에도 투퀴디데스가 전하는 페리클레스의 추도 연설을 비롯해 아테네 거류민이었던 연설가 뤼시아스(기원전 459~380년)의 추도 연설, 아테네의 연설가 휘페레이데스(기원전 389~332년)의 추도 연설, 그리고 데모스테네스의 이름이 붙여진 추도 연설 등이 전해지고 있다. 모두 아테네를 위해 싸운 전쟁 희생자에게 바쳐진 이 추도 연설들에는 누가 연설했는지에 따라 조금씩 다른 요소가 포함되어 있지만, 몇 가지 차이를 제외하면 다루고 있는 내용과 순서에서 공통된 형식을 가지고 있다. 『메넥세노스』에서 소크라테스가 구술하고 있는 추도 연설 역시 예외가 아니다. 『메넥세노스』 역시 다른 추도 연설처럼 전체 구성에서 전몰자에 대한 칭송 부분과 유족을 위로하는 부분으로 크게 나뉘어 있고, 전몰자에 대한 칭송 부분은 출생과 양육, 그리고 그들이 이룬 업적으로 구성되어 있다. 또 태생이 훌륭할 수밖에 없는 연유를 선조의 출생에서 찾고, 선조의 출생을 이야기하면서는 토착민의 기원으로까지 거슬러 올라가 어머니로서의 국토와 국토에 의한 양육을 이야기하고 있다거나, 아테네 사람들의 평등과 자유를 이야기하며 그 자유를 지키기 위해 치렀던 수많은 전투와 업적을 논하는 것도 유사하다.

이런 점에 주목한다면 『메넥세노스』의 중심 내용을 이루고 있는 추도 연설 역시 전형적인 추도 연설들 중 하나로 다른 것들과 크게 다를 바 없어 보인다. 더구나 『메넥세노스』에서 구술된 소크라테스의 추도 연설은 추도 연설의 전형적인 면모를 지니고 있어, 키케로는 이를 두고 "아테네에서 전몰자들을 집회에서 기

릴 때 그 연설을 사용하는 것이 관례로 되어 있었다"(Orator 151)
라고 기록하고 있다.

그러나 『메넥세노스』를 아테네 시대의 여러 추도 연설문들 중
하나를 싣고 있는 작품일 뿐이라고 진단하는 것은 이 작품을 너
무 단순하고 피상적으로 이해하는 것이다. 플라톤 철학의 전체
적인 특성이나 대화편의 일반적 특징을 고려한다면, 혹은 추도
연설을 포함한 『메넥세노스』의 전체 구성이 지니고 있는 특징을
고려한다면, 오히려 『메넥세노스』야말로 수수께끼로 가득 찬 대
화편이라고 말하지 않을 수 없는 것이다. 칸(C. H. Kahn)은 『메넥
세노스』에 관한 그의 논문에서 "이 짧은 대화편은 어떤 한 군데
만 수수께끼인 것이 아니라 내용 전체가 수수께끼로 이어져 있
고, 그래서 독자들은 수수께끼들 하나하나에 만족스러운 해결점
을 찾게 될 때까지 플라톤의 의도를 완전히 이해했다고 느낄 수
없을 것이다"라고까지 말한다.[1] 프리드랜더(P. Friedländer) 역시
"이 대화편은 플라톤의 작품 중 가장 혼란스러운 것이다. 그가
그리고 있는 수많은 소크라테스의 모습들 중, 여기서 나타난 소
크라테스의 모습이 가장 역설적이다"[2]라고 언급한다. 그렇다면

---

1   Charles Kahn(1963), "Plato's Funeral Oration: The Motive of The
    Menexenus", *Classical Philology*, p. 220.
2   Paul Friedländer(1964), *Plato II: The Dialogues*, trans. Hans Meyerhoff,
    London Routledge & Kegan Paul, p. 216.

이들이 『메넥세노스』를 이처럼 의혹투성이인 대화편으로 생각하는 이유는 무엇일까? 그리고 오늘날의 『메넥세노스』 연구자들은 그러한 수수께끼들을 어떻게 해명하고 있을까? 그들은 어떤 이견들을 보이고 있을까? 여기서는 이러한 논의들을 개괄적으로 살펴보면서 비록 길이는 매우 짧지만 많은 논쟁점들을 내포하고 있는 『메넥세노스』의 기본 성격과 특징을 전반적으로 이해하고자 한다. 그러나 본격적으로 이러한 논의를 전개하기에 앞서 작품의 저작 연대와 작품의 진위를 둘러싼 논쟁을 포함해 『메넥세노스』에 대한 일반적인 사항들부터 살펴보기로 하자.

1. 작품의 저작 연대

플라톤의 대화편들 중 『메넥세노스』만큼 작품의 저작 연대를 명확히 추정할 수 있는 대화편도 없을 것이다. 『메넥세노스』에서 소크라테스가 이야기하고 있는 아테네 전쟁사의 상당 부분이 이미 잘 알려진 역사적 사건들을 다루고 있는 데다가 그 시기 또한 플라톤의 생애 중 일어난 일정한 시기까지의 사건들만 다루고 있기 때문이다. 그러한 전거들로 미루어 보았을 때 『메넥세노스』가 작성된 시기는 안탈키다스 평화 조약이 체결된 기원전 386년 직후, 즉 플라톤이 40세 정도였을 무렵으로 추정된다. 왜냐하면 『메넥세노스』의 추도 연설에서 소크라테스가 순서대로 인용하고 있는 아테네의 전쟁사 중 가장 나중에 일어난 사건이 바로 안탈키다스 평화 조약이기 때문이다. 추도 연설이 행해지는 것으로 설정된 이 시기는 아테네가 펠로폰네소스 전쟁의 패배로부터 회복된 후 다시 스파르타와 코린토스 전쟁을 일으켰다가 평화 조약을 맺은 직후여서, 이때를 즈음해 전몰자의 장례식이 행해졌던 것으로 보인다. 소크라테스의 연설은 코린토스 전쟁이 끝난 후 그 전쟁에서 희생된 사람들을 위해 행해졌던 추도 연설의 형식을 취하고 있는 것이다.

그런데 작품의 저작 연대와는 무관하게 작품의 내용에 나타난 시기는 모순을 담고 있다. 작품 속에 기술되어 있는 것처럼 안탈키다스 평화 조약이 체결된 시기는 기원전 386년인데, 이때는 작품 속 주인공인 소크라테스가 죽은 해인 기원전 399년부터 무려 13년이나 흐른 뒤이기 때문이다. 더욱이 소크라테스에게 연설을 들려준 것으로 나오는 아스파시아 역시 기원전 440년경 페리클레스 시절의 인물인 데다 그녀의 아들이 기원전 406년 아르기누아 전투에서 아테네의 장군으로 활동했던 것을 감안한다면, 그녀 또한 작품이 설정하고 있는 시기에 살아 있었을 가능성이 희박하다. 이러한 점으로 미루어 볼 때『메넥세노스』는 작품의 내용을 통해 저작 연대는 분명하게 드러내고 있지만 작품에 등장하는 인물들과 시대 배경을 뜯어보면 플라톤이 애초부터 스스로 허구라는 것을 드러낸 상태에서 저술한 것임을 알 수 있다.

그래서 도즈(E. R. Dodds)는 『고르기아스』에 관한 자신의 연구서 서문에서 이렇게 말하고 있다. "『메넥세노스』는 사려 깊고 환상 적인 시대착오 덕분에 저작 연대에 대한 직접적이고 모순될 리 없는 증거를 포함하고 있는 유일한 대화편이다."[3] 결론적으로 말 해 『메넥세노스』는 플라톤이 아카데미아 학원을 창설한 직후, 다 시 말해 초기 대화편에서 중기 대화편으로 이행하던 시기에 쓰 인 것으로 추정된다.

2. 진위 문제

『메넥세노스』의 진위 문제는 앞에서 언급한 바와 같이 『메넥세 노스』가 갖고 있는 의혹들 중 하나에서 제기되었다. 즉, 『메넥세 노스』에서 소크라테스는 어찌된 일인지 스스로 시종일관 강력히 비판해 왔던 당시 변론가 내지 연설가들류의 연설 행위를 수행 하고 있을 뿐 아니라, 연설가의 연설을 수행했을지라도 곧바로 그것을 부정하는 말을 덧붙이는 일부 다른 대화편들과 달리, 전 해 들은 추도 연설만 그대로 반복해서 구술하고 있기 때문이다. 소피스트들과 민주제 아래에서의 정치적 야심가들이 연계되면 서 아테네에서는 연설 기술이 실생활에서는 물론이거니와 정치

3 E. R. Dodds(1959), *Plato, Gorgias*, Oxford, p. 24.

적·지적 영역에서도 큰 인기를 얻고 있었다. 따라서 실생활에서 연설이 일상적으로 행해졌을 뿐만 아니라, 연설 기술서도 출판되고 또 정치, 재판, 의례 등 각 분야의 연설문이 필사되어 그 지침서로서 간행되기도 하였다. 플라톤의 『메넥세노스』 역시 주제로만 보면 "에피타피오스"라고 불리었던 추도 연설 분야의 하나의 견본인 것이다.

이런 점에서 평생 문답법을 통해 그러한 연설 기술의 허구성을 논파하려 했던 소크라테스가 연설 기술의 일종인 추도 연설을 있는 그대로 반복해서 구술하고 있다는 것은 선뜻 이해하기 어렵다. 따라서 연설 기술을 부정하고 있는 플라톤이 왜 그와 같은 추도 연설을 썼는가라는 의문은 결국 이 작품이 과연 플라톤의 진짜 작품인가 아닌가 하는 문제와 직접적으로 연관된다. 그래서 플라톤의 대화편을 두고 진위 논쟁이 한창 활발하게 일어나던 시기, 아스트(F. Ast)를 비롯한 상당수의 학자들은 『메넥세노스』를 위작으로 보기도 했다.

그러나 이러한 의문들이나 그것을 뒷받침하는 논거들조차 『메넥세노스』가 위작이 아니라는 여러 가지 고전적인 반증들을 넘어서지는 못했다. 아리스토텔레스는 『수사학』에서 이 대화편에 등장하는 "아테네 사람들 옆에서 아테네 사람들을 칭찬하려 한다면 어려울 것이 없다"(234e)라는 부분을 두 번이나 인용하고 있다(Ars retorica 1367b8, 1415 b30). 무엇보다도 주목할 만한 점은 아리스토텔레스가 이 대목을 "소크라테스의 말"이라고 적고 있다는 것인데, 그것은 아리스토텔레스가 플라톤의 작품을 인용할 때 쓰는 통례적인 방식이다. 또 키케로는 앞에서의 언급과 더불어 플라톤의 추도 연설문이 "매우 환영받았기 때문에, 당신도 알고 있듯이, 매년 그날에 낭독되지 않으면 안 되었다"(Orator 151)라는 말도 전하고 있다. 일반적으로 옛 사람의 저작, 특히 플라톤의 제자이기도 한 아리스토텔레스의 저작에 플라톤의 저작에 대한 언급이 나타날 경우, 그것은 그 작품이 플라톤의 진짜 작품임을 나타내는 유력한 증거가 된다. 따라서 최근 학계는 『메넥세노스』에 관해 플라톤이 직접 쓴 작품이 확실하다고 인정하고 있으며, 학자들도 더 이상 『메넥세노스』의 진위 문제에 관해 이의를 제기하지 않는다.

3. 기본 개요

『메넥세노스』는 크게 세 부분, 즉 도입부(234a-236c), 마무리 대화(249d-249e), 그리고 그 사이 대화편 대부분을 차지하고 있는 소크라테스의 추도 연설(236d-249c)로 구분된다.

도입부의 대화는 소크라테스가 평의회에 다녀오는 메넥세노스에게 말을 건네는 것에서 시작한다. 소크라테스는 메넥세노스가 평의회에 다녀오는 것이 정계로 진출하고자 하는 야심 때문이라고 생각해 그를 꾸짖지만, 메넥세노스는 소크라테스가 원하지 않는다면 평의회에 나가지 않겠노라고 변명한다. 그리고 평의회 의사당에 다녀온 것은 전몰자를 위한 추도 연설자를 선발하는 문제 때문이었다고 이야기한다(234a-b). 추도 연설 계획을 전해 들은 소크라테스는 추도 연설가들의 수완이 얼마나 대단한지 냉소적으로 열거하며 그들의 행태를 조롱한다(234c-235c). 그러자 메넥세노스는 소크라테스도 그러한 연설을 할 수 있는지를 묻는다. 이에 소크라테스는 자신보다 교육을 잘 받지 못한 부류의 사람도 연설로 호평을 받을 수 있는데, 아스파시아라는 훌륭한 선생으로부터 연설 기술을 배운 자신이라면 못할 이유가 없다고 답한다(235e-236a). 그리고 소크라테스는 약간의 장난기 섞인 이야기를 던진 후 메넥세노스가 따로 발설하지 않는다는 조건으로 아스파시아로부터 들었다는 추도 연설을 그에게 들려주기 시작한다.

이렇게 시작하는 소크라테스의 추도 연설은 크게 세 부분으로 구분된다. 우선 추도 연설의 의의와 기본 계획을 간단히 언급한 후에 아테네 사람들의 태생적 훌륭함과 좋은 국토 및 먹을거리, 그리고 신들의 선물로 주어진 교육과 그들 자신의 정치체제를 거론한다(236d-239a). 둘째로는 전설 시대의 전투에서 시작해 페르시아 전쟁(239a-241e), 펠로폰네소스 전쟁(242a-242e), 그리고 그 이후에 일어난 제3차 전쟁과 코린토스 전쟁을 거쳐 이른바 안탈키다스의 평화로 불리는 펠로폰네소스 전쟁의 종결 시기에 이르는 아테네의 전체 전쟁사를 통해 아테네인들이 이룩한 업적들을 칭송한다(243a-246a). 끝으로 살아 있는 자들, 즉 유족들에 대해 덕과 인간됨의 실천을 당부하는 말을 전몰자를 살아 있는 자로 의인화시키는 독특한 방식으로 전하고 있다(246a-248d). 그런 연후 소크라테스는 연설자 자신으로 돌아와 스스로 유족에 대한 위로와 격려의 말을 던지며 추도 연설을 마무리한다(248e-249c). 이 추도 연설의 마지막 부분은 이 대화편의 가장 핵심적인 내용을 이루는 부분으로 도입부의 장난기 섞인 대화 분위기와는 달리 대화편 전체를 통틀어 가장 진지하고 엄숙한 분위기를 이룬다.

그 후 이 대화편은 다시 소크라테스와 메넥세노스 사이의 대화로 돌아와 추도 연설에 대한 메넥세노스의 감탄과 감사로 이어지고 끝으로 소크라테스의 당부와 약속이 언급되며 모든 대화가 마무리된다.

4. 『메넥세노스』의 수수께끼들

앞서 이야기한 대로 『메넥세노스』는 수많은 수수께끼들을 담고 있다. 겉으로 보기엔 그저 여러 유형의 추도 연설문들 중 하나를 포함하고 있는 것처럼 보이는 『메넥세노스』는 도대체 어떤 수수께끼들을 안고 있으며 그 수수께끼들은 어떤 의미를 지니는 것일까? 또 그것은 우리에게 플라톤 철학과 관련해 어떤 철학적 논쟁점을 제시해 주는 것일까? 우선 그동안 여러 학자들이 제기해 온 주요 의문점들을 살펴보자.

우선, 전해져 내려오는 고대 그리스의 추도 연설문들은 모두 본인 스스로에 의해서건 그 연설을 인용하는 사람들에 의해서건 전면에 저자가 나타나 있다. 그러나 『메넥세노스』의 추도 연설은 저자가 애매하다. 물론 소크라테스는 『메넥세노스』에서 그 연설은 본인이 작성한 것이 아니며 페리클레스의 애첩이자 자신의 연설 기술 선생인 아스파시아가 작성한 것이라고 밝히고 있다. 그렇다면 플라톤은 왜 자신이 지은 대화편의 대부분을 차지하는 추도 연설을 아스파시아가 작성한 것이라고 주장하는 것일까? 그리고 이 연설이 아스파시아의 것이라는 소크라테스의 확언에도 왜 메넥세노스는 소크라테스가 그 연설을 작성했을 것이라는 의심을 거두지 않는 것일까? 저자인 플라톤 역시 소크라테스가 그 연설을 작성했을 것이라는 복선을 깔고 있는 이유는 무엇일까?

둘째, 앞서 살펴본 것처럼 『메넥세노스』에서는 작중 인물의 생존 시기와 대화가 이루어진 것으로 설정한 시기에 모순점이 발견된다. 소크라테스가 이야기하고 있는 아테네 전쟁사의 제일 나중 사건은 이미 소크라테스가 죽은 지 13년 뒤에 일어난 사건인 데다, 그에게 연설을 들려주었다는 아스파시아 또한 당시에 살아 있었을 확률이 희박한 까닭이다. 당대에 이 작품을 접하는 사람이라면 누구라도 거짓이라고 생각할 것이 뻔한 이야기를 왜 별다른 장치 없이 『메넥세노스』에 끌어들인 것일까?

셋째, 소크라테스는 아테네 전쟁사를 이야기하며 우리가 알고 있거나 전해지는 것과는 달리 몇 가지 역사적 사건들의 경과를 왜곡하여 인용하고 있는 데다가 아테네 전쟁사에서 당연히 언급될 만하다고 여겨지는 대사건들조차 의도적으로 생략하고 있다. 이를테면 소크라테스는 그리스 연합군이 함께 참전한 살라미스 해전은 물론 아르테미스 해전에서도 아테네가 페르시아 전쟁의 지도국으로서 혼자 싸웠다고 이야기하고 있고, 테르모퓔라이에서 스파르타 사람들이 이룩한 업적에 대해서는 아예 언급조차 하지 않는다. 나아가 그는 펠로폰네소스 전쟁이 자신들의 승리로 끝났다고 주장하고 있는가 하면 코린토스 전쟁에서 아테네와 페르시아가 동맹을 맺었다는 사실도 숨기고 있다. 무엇보다도 소크라테스는 아테네 역사의 금자탑으로 여겨지는 페리클레스의 제국주의와 관련해서는 철저히 침묵한다. 아마도 이것은 소크라테스가 『메넥세노스』에서 역사적인 사실을 왜곡한 대표적인 사례로 꼽을 수 있을 것이다. 왜 소크라테스는 이 추도 연설에서 그러한 왜곡과 생략을 자행하고 있는 것일까?

넷째, 소크라테스는 왜 자신이 그토록 적대시하던 소피스테스들의 연설을 앞장서 수행했을까? 아테네의 등에를 자임하며 문답법으로 소피스테스들의 궤변과 대중들의 편견을 신랄하게 비판하고 있는 『소크라테스의 변론』에서의 소크라테스와, 소피스테스적인 연설 기술로 대중의 수준에 맞춰 대중이 환호할 만한 추도 연설을 수행하고 있는 『메넥세노스』에서의 소크라테스 사이에는 분명한 차이가 존재한다.

다섯째, 도입부에서 연설가들의 행태를 줄곧 조롱했다는 것을 고려하면 이어지는 소크라테스의 추도 연설 또한 그 연장선상에 있는 일종의 풍자 섞인 재현이라고 해석할 수 있을 것이다. 그러나 추도 연설의 후반부를 장식하는 자식과 부모들에 대한 권고에서는 도입부의 분위기와는 달리 진지함과 엄숙함이 묻어나는데다 전통적인 소크라테스적 사유의 흔적들까지 발견할 수 있다. 이처럼 하나의 연설 안에 나타나는 부조화는 어떻게 해석할 수 있을까? 추도 연설은 어디까지가 냉소이고 어디까지가 소크라테스의 진심인 것일까?

이 밖에도 의문점들은 많다. 소크라테스는 아테네의 민주정을 일러 "대중의 찬성이 수반된 최선자 정체"(238d)라고 진단하고 있는데, 이러한 진단은 아테네 민주정에 대한 소크라테스의 일관된 비판과 어떤 관계가 있는 것일까? 그것은 아테네 민주정에 대한 냉소일까 아니면 소크라테스가 나름대로 진지하게 진단한 결과일까? 만약 진지한 평가로 본다면, 그것은 혹시 『메넥세노스』를 통해 플라톤의 정치철학과 아테네 현실 정치 사이에서 타협을 모색한 단초일 수 있는 것일까?

그러나 이처럼 수많은 의혹이 노정되어 있는 『메넥세노스』는 그동안 그다지 큰 주목을 받지 못했다. 어쩌면 그러한 당혹스러움 자체가 이 대화편의 매력을 떨어뜨려 그 내용을 해명하는 데 원천적인 걸림돌로 작용해 온 것인지도 모른다.

그런데 최근 들어 『메넥세노스』를 당대 소피스테스 내지 페리클레스로 대변되는 주류 정치철학에 대한 주도면밀한 비판으로 보고 그 안에 담긴 수수께끼를 재해석하려는 시도들이 연이어 나타나고 있다. 『메넥세노스』가 오늘날 정치철학적으로 새롭게 주목받기 시작한 것이다. 여기서는 『메넥세노스』를 둘러싼 여러 가지 해석들과 최근 새롭게 등장하고 있는 논의들을 살펴보며, 앞에서 제기된 수수께끼들에 대한 답은 물론, 플라톤 철학에서 『메넥세노스』가 가지고 있는 위상에 대해 전체적으로 논구해 보려고 한다.

5. 『메넥세노스』에 대한 해석들

가. 해석 I – 『메넥세노스』는 그 자체로 연설 기술에 대한 패러디이다.[4]

『메넥세노스』에 관한 첫 번째 해석은 현상적으로 조롱과 진지함의 양극단을 오가는 그 내적 부조화를 일종의 풍자 내지 패러디의 관점에서 바라보는 것이다. 이러한 입장에 대해서 『메넥세노스』를 『고르기아스』의 말미에 붙여진 일종의 풍자로 보는 도즈(E. R. Dodds)를 비롯해 로로(N. Loraux), 헨더슨(M. Henderson), 코벤트리(L. Coventry), 쯔므라 히로지(津村寬二) 같은 유수의 주석가들이 동의를 표하고 있다. 이들은 비록 그 세부적인 주장에서는 차이를 보이지만 기본적으로는 『메넥세노스』가 아테네의 정치 연설이 갖는 교만한 위선의 정체를 밝히고자 시도된, 아리스토파네스적 희극을 모델로 한 패러디라는 데 동의한다. 혹은

---

4 Nicole Loraux(1974), "Socrate contrepoison de l'oraison de funèbre," *L'antiquité classique* 43: 171–212; Edmund Bloedow(1975), "Aspasia and the 'Mystery' of the Menexenos" *Wiener Studien* N.F. 9 : s. 32–48; M. M. Henderson(1975), "Plato's Menexenus and the Distortion of History", *Acta Classica* 18: 25=46; Lucinda Coventry(1989), "Philosophy and Rhetoric in the Menexenus", *Journal of Hellenic Studies* 109: pp. 1–15; 津村寬二(1975), "『メネクセノス』解説", 『プラトン 全集』10, 岩波書店, pp. 245–250.

소크라테스를 살해하고 철학을 능멸한 민주주의의 위선과 부정의에 대한 플라톤의 냉소를 담고 있다는 것이다. 그리고 이들은 유명한 연설문 작성가인 안티폰, 아테네 연설가 뤼시아스, 아테네 수사학자 일반, 그리고 아테네 자체가 이러한 풍자의 대상이 되었다고 보고 있다.

이들은 이 대화편이 엄숙한 추도 연설을 주제로 하고 있음에도 도입부에서 마무리에 이르기까지 시종일관 등장인물들 간의 장난기 섞인 익살과 풍자로 점철되어 있다는 데 주목한다. 실제로 소크라테스는 평의회 의사당에 다녀오는 메넥세노스를 보자마자 "젊은 사람이 벌써부터 관직에 나가 우리 같은 나이 든 사람을 다스릴 심산인가"라며 비아냥대듯 꾸짖는가 하면, 추도 연설가를 뽑는다는 소식을 들은 뒤에는 계속해서 추도 연설을 맡게 될 연설가들을 조롱한다. 추도 연설을 하는 이들은 전몰자 각각을 거론하며 그들이 무공을 세웠건 아니건 가능한 모든 미사여구로 추켜세워 사람들의 넋을 뺀다는 것이다. 그러면 사람들은 연설가들이 의도한 대로 그들에게 홀려 마치 자신들이 뭔가 더 커지고 고귀해진 것 같은 착각에 빠져 심지어 자신들이 위엄이 서는 듯한 기분에 취하는데, 그런 기분은 사흘이나 지속된다고 비아냥거린다. 그러나 소크라테스는 그러한 연설가들의 능력이 대단한 것은 아니라고 이야기하며, 설사 자기보다 나쁜 교육을 받은 사람일지라도 능히 그러한 연설 정도는 해낼 수 있다고 이야기한다. 연설가들은 미리 몇 가지 연설문을 준비해 두고 있는 데다 아테네 사람들 옆에서 아테네 사람들을 추켜세우는 것은 당연히 어렵지 않은 일이라는 것이다. 그러자 메넥세노스는 소크라테스도 그런 연설을 할 수 있는지 묻는다. 소크라테스는 자신처럼 훌륭한 연설 기술가를 스승으로 둔 사람이라면 그런 정도의 연설은 별 문제가 되지 않는다고 말하며, 연설을 청하는 메넥세노스의 제의에 응한다.

이러한 소크라테스의 모습은 아이러니하다고 할 수 있다. 소크라테스는 문답법을 통해 논의의 주제를 밀고 나가 그 근원을 드러내는 일에 종사해 왔을 뿐, 연설가들이 하는 것과 같은 유의 추도 연설은 해 본 적이 없기 때문이다. 물론『향연』이나『파이드로스』에서 볼 수 있는 것처럼 연설 기술을 가장해 그럴듯한 연설을 한 예가 없지는 않지만, 그때 역시 연설가들이 앞서 한 연설을 비판하기 위해 다시 연설을 수행한다.『메넥세노스』에서와 같이 연설가들처럼 연설한 뒤에 그것만으로 마치는 경우는 없었던 것이다.

게다가 그는 그 연설을 작성한 것은 자신이 아니라 자신에게 연설 기술을 가르쳐 준 아스파시아라고 이야기하는데, 이 또한 의아스럽다. 도입부와 마무리 부분을 주의 깊게 살펴보면, 소크라테스의 연설이 아스파시아의 것이 아니라 소크라테스가 직접 작성한 것이라고 의심하는 메넥세노스의 모습을 발견할 수 있다. 플라톤은 왜 소크라테스로 하여금 그 연설이 본인의 것이 아니라고 말하게 한 후 메넥세노스로 하여금 그것을 의심하도록 한 것일까? 그것은 문답법자인 소크라테스로 하여금 연설가들이나 하는 연설을 부담 없이 수행하게 하면서 동시에 그러한 연설을 통해 플라톤 자신의 의도 역시 보여 주려는, 그야말로 걸출한 문필가로서 플라톤 나름의 치밀한 구성과 복선을 동반한 풍자 문학적 장치가 아니었을까?

실제로 플라톤은 대화편의 도입부에서 소크라테스 스스로 비판했었던 그 내용 그대로에 기초하여 추도 연설을 만들어 나간다. 소크라테스는 추도 연설자들의 수완이 얼마나 굉장한 것인지를 비아냥대며 조롱하고 있지만(235a-c), 자신의 연설에서도 아테네의 역사를 왜곡하는 방식으로 그러한 행태를 재현한다. 연설자들이 그야말로 "온갖 방법으로" 나라와 전사자들과 선조들을 칭송한다고 비판했던 그대로 자신도 연설자들의 행태를 반복하는 것이다. 사실 소크라테스의 연설에는 선조들의 위업과 무공을 칭송하기 위한 역사적 과장과 왜곡이 여러 군데 삽입돼 있다. 예를 들어 수십 년이나 지난 페르시아 전쟁에서의 영광을 변함없이 내세우고 있는가 하면, 아테네인이 치른 모든 전쟁은 "그리스인의 자유를 지키기 위한" 것이었다고 미화하고 있으며, 나아가 펠로폰네소스 전쟁에서 패한 것조차 자신들의 불화 때문에 생긴 일일 뿐 적에 의해 패한 것은 아니라고 변명한다.

그런데 이러한 아테네의 역사를 헤로도토스의 『역사』나 투퀴디데스의 『역사』와 비교해 보면, 구체적인 사실의 상당 부분이 은폐되거나 왜곡되어 있음을 알 수 있다. 페르시아 전쟁의 경우만 보더라도 이 연설에서는 다레이오스가 구실을 붙여 그리스를 침공했다고 주장하지만(240a), 헤로도토스는 아테네와 에레트리아가 실제로 페르시아 진영에 군대를 침투시켜 사르디스를 불태웠다고 기록하고 있다. 마라톤 전투 역시 아테네가 혼자 싸운 것처럼 쓰고 있으나(240c), 헤로도토스는 플라타이아군이 함께 싸웠다고 기록해 놓았다. 또 페르시아가 두 번째 침공했을 때 테르모퓔라이를 목숨 걸고 사수하다 전멸한 스파르타군의 무용에 대해서는 한마디도 언급하지 않고 있으며, 살라미스 해전에서의 승리 역시 아테네가 홀로 싸워 승리한 것으로 이야기하고 있지만 헤로도토스의 기록에 따르면 378척에 달하는 그리스 연합군(아테네군 180척)이 얻어 낸 것이었다.

다시 말해 플라톤은 연설 기술의 수법과 형식을 이용해 그 내용을 세속의 수준까지 떨어뜨렸으며 아테네의 역사를 왜곡하면서까지 아테네 사람들을 즐겁게 했고, 그 결과 작품에 등장하는 메넥세노스를 비롯해 실제로 후세 아테네 사람들의 갈채를 받았다. 결국 플라톤은 이 연설을 통해 추도 연설에 대한 자신의 생각을 증명해 보였다. 요컨대 대화 도입부에서부터 연설가들의 행태를 비판해 온 그는, 소크라테스 역시 그들과 같은 방식으로 추도 연설을 하게 함으로써 추도 연설에 대한 자신의 비판적인 태도를 견지하고 있는 것이다.

이렇게 보면 익살스러운 풍자와 조롱으로 일관하는 대화의 도입부와 마무리 부분 사이에 엄숙한 추도 연설을 삽입해 놓았다는 것 자체가 하나의 우스꽝스러운 설정이자 이 대화편의 주제에 대한 복선이라고 할 수 있을 것이다.

한편, 그러한 추도 연설이 『메넥세노스』에서는 아주 사적으로 전개되고 있다는 사실에도 주목해야 한다. 추도 연설은 아주 많은 대중을 대상으로 하는 공개적이고 공적인 성격을 지닌다. 그러나 이곳에서 소크라테스의 추도 연설은 단 한 사람, 즉 메넥세노스만을 대상으로 행해질 뿐만 아니라, 대화의 정황 역시 벌거벗고 춤을 추라고 해도 들어줄 정도로 매우 사적이다(236d). 이 또한 공적인 장소에서 대중을 상대로 무책임한 논변을 일삼는 연설가들의 행태와, 한 사람 내지 소수를 상대로 진지한 문답법적 대화를 통해 끝까지 참된 지혜를 논구하는 소크라테스의 모습을 대비시켜 놓은 것이라 할 수 있다. 물론 『메넥세노스』에 나타나는 소크라테스의 연설은 문답의 형식이 아니지만, 그럼에도 철학 공부에 매진하지 않고 세속적인 관직으로 진출하려는 메넥세노스를 향해 모종의 가르침을 주는 형식을 취하고 있기 때문이다.

그러나 『메넥세노스』가 전체적으로 연설가들에 대한 풍자라고 보는 사람들에게도 넘어서야 할 문제가 있다. 아무리 익살 섞인 대화가 추도 연설 앞뒤를 장식하고 있다고는 해도 소크라테스의 추도 연설은 어찌되었건 그 자체로 매우 훌륭한 추도 연설의 형식을 갖추고 있을 뿐 아니라, 연설 후반부에 가서는 서두 부분의 익살스럽고 장난기 섞인 분위기와는 달리 아주 진지한 면모가 드러나 있기 때문이다. 실제로 『메넥세노스』에 나타난 소크라테스의 연설이 훌륭한 추도 연설인 것만은 틀림이 없는 것으로 보인다. 앞에서도 말했듯이 이 작품이 아테네 사람들에게 "매우 환영받았다"는 것은 키케로도 증언하고 있다. 또 이러한 증언이 존재한다는 것은 이 작품이 아테네 이외의 나라에서도 유명했다는 것을 보여 준다. 예를 들어 할리카르낫소스의 디오뉘시오스(기원전 1세기부터 기원후 1세기경), 타르소스의 헤르모게네스(기원후 2세기경) 같은 사람들은 플라톤의 의도가 "진지"했다고 생각한 듯하다.

그러나 여기서 말하는 "진지"함이란 어디까지나 이 작품이 추도 연설로서 뛰어났고, 또 연설의 견본으로서 유명했다는 것을 의미할 뿐이다. 이 작품에 플라톤 자신의 훌륭한 철학 사상까지도 적극적으로 개진되어 있다는 의미는 아닌 것이다. 실제로 이 연설에서는 플라톤다운 철학적 고찰을 별로 찾아볼 수 없다. 원래 연설의 전반부는 아테네의 국토나 조상의 무훈에 대한 칭송이어서 거기에는 철학적이라고 말할 만한 것이 없다. 앞에서 말한 할리카르낫소스의 디오뉘시오스는 연설 후반에 등장하는 가족에 대한 격려와 위로에서 플라톤의 진지한 의도를 인정했지만, 그곳에서 볼 수 있는 "덕에로의 권유" 역시 설득력이 풍부한 아름다운 말로 이루어진 것일 뿐, 그 내용은 상당히 진부한 것이고 다른 추도 연설에서도 흔히 볼 수 있는 것들이다. 즉, 연설의 내용에 플라톤 자신의 철학이 담겨 있다고는 생각할 수 없다.

게다가 연설 후반부에서 전사자의 자식들에게 요구되는 덕, 용기, 정의와 같은 덕목들이나, 전사자들의 부모들에게 제시되고 있는 절도, 사려와 같은 덕목들이 모두 세속적인 의미로 다루어지고 있을 뿐만 아니라 대중들도 이미 이러한 덕목들에 대해 잘 알고 있는 것으로 전제되고 있다. 그러나 플라톤의 철학은 근본적으로 그것들이 '본질적으로 무엇인가'를 묻는 것에서 출발한다. 그들이 일상에서 누리는 아테네의 정치체제나 그것이 추구하는 평등 혹은 자유 같은 개념에 대해서도 마찬가지이다. 그런데 이 연설에서는 그러한 가치들의 본질이 자명한 것으로 전제되어 있다. 그러나 『국가』에서 플라톤은 다시 그것들에 대해 철저히 반성적으로 고찰하고, 그 결과 그것들이 무조건적이고 자명한 가치가 아닐 수 있음을 이야기한다. 플라톤이 『국가』에서 도달한 결론이 올바르다고 한다면, 그가 『메넥세노스』를 "진지하게" 썼다고 생각하기란 매우 힘들 것이다. 그러나 어쨌든 플라톤은 자신의 입장에서 긍정할 수 없는 것들을 『메넥세노스』를 통해 그려 내고 있다. 그렇다면 왜 그는 이런 글을 쓴 것일까?

그가 애국심 때문에 이런 글을 썼다고 설명할 수도 있겠지만, 그처럼 평생토록 진실을 추구해 온 인물이 단지 애국심 때문에 이런 연설을 했다고 볼 수 있을까. 또, 플라톤이 연설가들에 대항해 자신도 연설문을 만들 수 있다는 것을 증명한 것이라고 설명할 수도 있을 것이다. 그러나 플라톤이 단지 그러한 목적만을 위해 자신의 철학에 반하는 내용까지도 인정하면서 이렇게까지 공표할 필요가 있었을까? 추도 연설의 성격상 철학적 내용의 빈곤과 역사관의 편향은 어쩔 수 없었던 것이라고 이 작품을 이해하기보다는, 오히려 정반대로 플라톤은 이 연설을 통해 추도 연설류의 그와 같은 연설 기술이 사실상 그 정도 수준밖에는 되지 않으며 또 그 정도로도 충분히 성공할 수 있음을 풍자적으로 나타내 주고 있는 것은 아닐까?

다만 이러한 해석으로 충분히 설명하지 못하는 부분이 있다면, 적어도 표면적으로는 온전한 형식을 갖춘 이 연설을 어떻게 풍자로 볼 수 있겠느냐는 점이다. 요컨대 부정되어야 할 연설조차 소크라테스에 의해 수행되고 있다는 그 자체가 『메넥세노스』를 일관하고 있는 연설가와 연설 기술에 대한 풍자와 야유라 할 것이다.

나. 해석 II – 『메넥세노스』는 페리클레스의 정치철학적 입장에 대한 안
티테제이다.[5]

1) 칸의 기본 시각

이 입장은 앞에서 언급한 내용들을 전면적으로 부정하지는 않
으면서 『메넥세노스』의 의도를 페리클레스의 정치철학적 입장
에 정면으로 대치킴으로써 『메넥세노스』가 안고 있는 수수께끼
들을 보다 적극적으로 해명하고 타개하고자 한다. 이러한 입장
은 일찍이 허비(P. M. Huby)와 칸(C. Kahn)에 의해 제시된 이래
상당 기간의 잠복기를 거쳤다가 최근 솔키버(S. Salkever)의 보다
치밀한 논리에 의해 다시 부활한 후, 관심 영역과 시각상의 차이
는 있지만 모노슨(S. Monoson), 콜린스와 스토퍼(S. Collins & D.
Stauffer) 등에 의해 광범위한 지지를 얻고 있다.

---

5 Pamela M. Huby(1957), "The Menexenus Reconsidered", *Phronesis* 2:
pp. 104–114; Charles Kahn(1963), "Plato's Funeral Oration: The Motive
of The Menexenus", *Classical Philology*, pp. 220–234; Stephan G.
Salkever(1993), Socrates' Aspasian Oration: The Play of Philosophy and
Politics in Plato's Menexenus", *The American Political Science Review*,
Vol. 87, No. 1, pp. 133–143; S. Sara Monoson(1998), "Remembering
Pericles: The Political and Theoretical Import of Plato's Menexenus",
Political Theory, Vol. 26, No. 4, pp. 489–513; Susan D. Collins & Devin
Stauffer, "The Challenge of Plato's Menexenus", *The Review of Politics*,
Vol. 61, No. 1, pp. 85–115.

그럼 칸이 제시한 주장을 중심으로 이 입장의 개요를 살펴보기로 하자. 칸 역시 앞에서 우리가 제기한 수수께끼들과 관련된 의문을 제기하면서 소크라테스가 자신의 연설을 아스파시아의 것이라고 한 것부터 문제 삼기 시작한다. 소크라테스는 도입부 대화에서 그가 하려는 연설의 일부는 아스파시아가 즉석에서 작성한 것이고 일부는 그녀가 페리클레스 추도문을 써 줄 당시 사용하지 않은 내용들을 가져다 엮은 것(236b)이라고 말한다. 소크라테스가 연설을 작성한 사람으로 아스파시아를 끌어들이는 것은 일단 소크라테스의 추도 연설이 어떤 식으로건 페리클레스의 추도 연설과 연계되어 있다는 것을 분명히 드러내는 데 기여한다. 문제는 플라톤이 페리클레스의 추도 연설을 과연 얼마나 염두에 두고 있었는가, 다시 말해 당시 투퀴디데스가 『역사』 2권에다 쓴 페리클레스의 추도 연설을 플라톤이 염두에 두고 있었는가 하는 것이다. 물론 플라톤은 투퀴디데스에 대해서는 전혀 언급하고 있지 않다. 이 문제에 관해서는 오랫동안 빌라모비츠(Wilamowitz-M)의 의견을 따르는 것이 하나의 경향이었다. 즉, 플라톤은 결코 이전 세기의 산문 작가들의 작품을 읽은 적이 없다고 가정한 것이다. 그러나 이러한 가정은 그 내적 개연성이 없다는 점에서 근거 없는 것이라고 여겨진다. 『법률』 3권을 주의 깊게 읽으면 그 견해들은 개연성이 없을 뿐 아니라 사실과도 맞지 않다는 것을 알 수 있다.

그것뿐만 아니다. 『메넥세노스』만 보더라도 플라톤은 아스파시아를 언급하면서 동시에 연설 기술과 관련해서도 언급하는데, 이는 투퀴디데스를 끌어들이려는 것임이 분명해 보인다. 즉, 소크라테스는 아스파시아에게서 연설 기술을 공부했고 콘노스로부터 음악을 배운 자신이 훌륭한 대중 연설가가 되는 것은 놀랄 일이 아니라고 언급하면서 설령 자기보다 나쁜 교육을 받은 자들, 이를테면 음악은 람프로스에게서, 연설 기술은 람누스의 안티폰에게서 배운 자일지라도 아테네 사람들 앞에서 좋은 연설가로 칭찬받는 것은 쉬운 일이라고 이야기하며 안티폰을 조롱한다(236a). 이 유명한 안티폰의 제자가 다름 아닌 투퀴디데스라는 것은 의심의 여지가 거의 없다. 이미 마르켈누스가 "역사가는 아낙사고라스에게서 철학을 공부했고 수사학은 안티폰에게서 배웠다"(Vit. Thuc 22)라고 언급하고 있는 데다가, 투퀴디데스 스스로도 자신의 책(8. 68)에서 안티폰의 성격과 탁월성에 대해 각별하게 찬양하고 있다는 사실은, 플라톤이 안티폰의 제자로서 언급하고 있는 자가 다름 아닌 투퀴디데스였음을 정당화해 주고도 남는 것이다. 이 부분과 그 뒤에 바로 이어지는 페리클레스의 추도 연설에 대한 언급은 플라톤이 『메넥세노스』를 통해 우리에게 보여 주고자 하는 방향이 어떤 것인지를 분명하게 보여 주고 있는 증좌가 아닐 수 없다. 요컨대 페리클레스의 모습 배후에는 투퀴디데스가 서 있음이 분명하다. 그리고 플라톤이 아스파시아를 끌어들이는 주요한 동기는 분명 페리클레스와 투퀴디데스가 서로 연관되어 있다는 것과 플라톤 자신이 이미 그들을 경멸하는 입장을 취하고 있음을 확실히 해 두고자 하는 데 있었던 것이다. 투퀴디데스에 대해 간접적으로 이야기하고 있는 이 같은 언급들은 『메넥세노스』의 추도 연설 부분과 투퀴디데스의 해석이 들어갔다고 여겨지는 페리클레스의 추도 연설을 비교해 보면 좀 더 직접적으로 확인할 수 있다.

우선 두 연설은 모두 말(logos)과 행위(ergon)의 안티테제로 시작한다. 물론 각 연설의 서두부의 외형만 보면 특별할 게 없다. 그러나 그와 같은 안티테제를 사용하는 두 저자 사이에는 밀접하고 의미 있는 관계가 있다. 두 경우 모두 문제의 말이 가리키는 것은 물론 추도 연설이다. 그리고 두 경우 모두 그에 대비되는 행위를 이중적으로 사용하고 있는데, 하나는 추도 제례를 가리키고 하나는 전몰자들의 용감한 행위를 가리킨다(투퀴디데스 『역사』 2.35.1, 『메넥세노스』 236d, e). 게다가 연설자들 모두 추도 제례뿐만 아니라 추도 연설 자체도 연설자들이 존중해야 할 법률에 의해 규정되었다는 사실을 강조한다. 그런데 주목할 것은 다른 추도 연설들 중에는 이와 비교될 만한 사례가 없다는 점이다. 휘페레이데스와 뤼시아스의 추도 연설도 연설자의 말과 전몰자의 행위를 안티테제로 사용하고 있지만 그 어느 것도 추도 제례 행위까지 'ergon'으로 표현하고 있지 않고 연설을 규정하고 있는 법률에 관한 이야기도 나오지 않는다. 오로지 플라톤과 투키디데스만 이러한 이중 안티테제로 자신들의 연설을 시작하고, 또 그 연설이 법률로 규정되어 있음을 언급한다. 그러나 또한 주목해야 할 점은 그러한 공통점에도 불구하고 플라톤은 분명 투키디데스와는 반대의 관점을 드러내고 있다는 것이다. 투키디데스의 페리클레스는 추도식에서 연설을 포함시킨 선조들의 관습에 유감을 표하고 있는 반면, 플라톤은 전통적인 추도 연설을 관습화한 선조들의 지혜를 아주 긍정적으로 수용하고 있는 것이다. 이렇게 함으로써 결과적으로 플라톤은 자신의 추도 연설이 페리클레스의 추도 연설같이 진부한 것이 아님을 드러내고자 하는 것이다. 만약 이러한 대비가 의도적인 것이라면 그것은 플라톤 자신의 추도 연설이 페리클레스의 연설과 아주 논쟁적인 관계를 갖는 것임을 서두부터 강조하는 셈이 되는 것이다. 뿐만 아니라 대부분의 추도 연설이 가져다주는 효과에 대한 소크라테스의 냉소적인 언급들(235b, c) 또한 투키디데스에 의해 해석된 페리클레스의 추도 연설에 대한 적대성을 표현하고 있는 것이다.

그리고 투키디데스 연설과의 두 번째 유사점은 더욱더 의미 있는 것을 시사한다. 그것은 아테네인 사람들의 교육과 정치체제, 그리고 아테네 사람들의 정치체제를 일컫고 있는 표현들에서 두드러지게 나타난다. 플라톤은 그 제도를 "어떤 사람은 민주주의라고 부르고 또 어떤 사람은 그 밖의 것으로 부르지만 사실 그것은 민중의 찬성이 수반된 최선자 정체라고 말하고 있다"
(238CD)라고 언급한다. 그리고 투퀴디데스의 페리클레스 또한
아테네의 제도를 같은 동사(kalein)를 사용하여 그 제도를 민주주
의라고 부른다고 언급하고 있다. 그러나 이 유사성의 진실은 추
도 연설에는 전혀 나타나 있지 않고 페르시아 치하의 아테네 정
부에 관한 역사가 자신의 판단에서 나타나 있다. 투퀴디데스는
"이름으로는 민주주의이지만 사실 그것은 시민들 중 일부 주요
인사들에 의해 다스려졌다"(『역사』 2.65.10)라고 말한다. 그래서
플라톤은 누가 이 제도를 무엇이라고 부르건 간에 그것은 실제
로 많은 사람이 동의하는 최선자에 의해 지배되는 제도라고 말
하고 있는 것이다. 이러한 말들이 연설이 아니라 역사가의 코멘
트에서 발견된다는 점은 플라톤이 이미 당시에 출간된 투퀴디데
스의 작품을 염두에 두고 있었다는 것을 보여 준다.

물론 『메넥세노스』 전체가 페리클레스 추도 연설에 대한 패러
디나 풍자 혹은 냉소라고는 볼 수 없다. 그러나 그것들 간에 적
대적인 성격이 있는 것만은 분명해 보인다. 만약 이보다 몇 년
전 플라톤이 『고르기아스』에서 제국화된 아테네에 대해 언급하
고 있는 것을 잠깐 들여다보면 그 적대감의 원천을 이해할 수 있
다. 플라톤과 투퀴디데스는 페리클레스에 대한 인식에서 결코
같은 입장을 취하지 않는다. 사실 두 견해가 칼로 자르듯이 어느
부분에서 어떻게 다르다고 말하는 것은 쉽지 않다. 그러나 투퀴

디데스의『역사』2.41.4와 2.64.3, 2.43.1, 그리고 특히 2.43.1에 나타나 있는 것처럼 국가와 그것이 갖는 권세에 대한 사랑은 삶을 가치 있게 만드는 것이며 그것을 위해서는 목숨까지도 초개와 같이 버릴 수 있다고 보는 것은 분명 투퀴디데스적인 페리클레스의 관점이다. 그런데 그에 비해 플라톤의『고르기아스』는 이러한 힘과 위대성의 개념들을 소크라테스의 덕에 기초해 공격하고 있다. 페리클레스적인 제국의 이상과 해군력이 있는 자리에 플라톤은 정의, 동정, 절제와 지혜가 결합된 용기와 도덕적 통합의 이상을 대신 집어넣고 있다. 특히 이와 같은 덕목들은 개인과 나라가 탁월성을 갖게 해 주는, 그야말로 선함을 위한 지혜인 것이다. 페리클레스는 두 파당, 즉 참된 정치가로서의 지식은 전무한 상태에서 민중에게 영합하는 기술만 갖고 있는 테미스토클레스나 키몬, 그리고 밀티아데스 같은 제국주의자들과 같은 부류에 속하는 것으로 불린다. 플라톤은 그러한 정치가들은 그들의 입맛에 맞는 사람들만 좋아할 뿐, 의사나 체육 훈련가처럼 건강한 몸을 가질 수 있게 해 주는 전문가들은 멀리한다고 말한다. 그래서 이러한 정치가들은 사람들이 원하는 축제를 사람들에게 주고, 사람들은 그들을 나라를 위대하게 만든 사람들이라고 말한다. 그러나 그들은 이런 사람들 때문에 지난날 나라가 방만해지고 황폐해진 것을 깨닫지 못하고 있는 것이다(『고르기아스』 518-519b 참조).

요컨대 『메넥세노스』의 추도 연설은 기본적으로 투퀴디데스에 의해 재현된 페리클레스의 추도 연설에 대한 안티테제로 기획된 것이다.

2) 소크라테스의 추도 연설과 페리클레스의 추도 연설의 비교
이처럼 『메넥세노스』를 단순한 패러디 내지 풍자를 넘어서 페리클레스적인 정치철학에 대한 안티테제로 해석하려는 사람들은 그러한 관점을 정당화하기 위해 『메넥세노스』에서 플라톤이 그리고 있는 소크라테스의 추도 연설과 투퀴디데스가 『역사』에서 그리고 있는 페리클레스의 추도 연설을 보다 적극적으로 비교 분석한다. 사실 『메넥세노스』에서의 소크라테스의 연설과 페리클레스의 추도 연설을 비교하는 것은 아테네가 제국주의의 전성기에 있을 때의 아테네인들의 자기 이해에 대한 가장 유명한 표현들을 비교하는 것이다. 페리클레스의 아테네인들의 업적에 대한 기념비적인 묘사, 특히 행복과 자유, 자유와 용기의 고유한 결합은 제국주의 아테네의 위대성을 나타내는 최고의 초상이다. 페리클레스는 투퀴디데스가 기술하고 있는 추도 연설을 통해 아테네 제국을 인간이 자신에게 만족을 가져다줄 수 있는, 추구하는 목표에 대한 최고의 표현으로서 찬양한다. 페리클레스의 연설을 보면 그가 긍지를 갖는 요소들이 잘 반영되어 있다. 그는 아테네의 근원을 간단히 언급하고 외세로부터 아테네인의 자유

를 수호한 선조 세대들의 명예로운 삶에 대해 아주 간략하게 언급한 후에 곧바로 자신의 세대로 건너뛰어 그 세대에게 최상의 명예를 수여한다. 즉, 영토의 대부분은 현재의 자신들이 확장한 것이며 전쟁이 있을 때이든 평화가 유지될 때이든, 가장 자족적인 상태에 있을 수 있도록 만반의 태세를 갖추게 했다는 것이다(2.36.3). 페리클레스가 자신의 연설에서 초점을 맞추는 것은 이러한 제국주의 세대이고 특히 그러한 제국주의를 가능하게 한 아테네의 국내 정황을 스케치하고 있다(2.37.1-2.41.1). 그런 다음 이러한 제국 자체에 대한 성격을 기술하고 있다(2.41.2-43.6). 페리클레스에 따르면 제국은 아테네인들의 권세를 드러내 주는 증표이다(2.41.2). 그러나 그는 소크라테스와는 달리 아테네 제국주의에 대해 어떤 특수한 행위나 전쟁을 예로 제시하며 이야기하지 않는다. 그는 마치 아테네가 독자적으로 행위할 수 있다는 듯 그러한 부분적인 사례들보다는 전체적으로 보아 현존하는 나라 중에서 소문보다 더 강하다고 판명된 나라는 우리나라밖에 없다고 선언한다(2.41.3). 나아가 자신들은 오늘날의 사람들에게나 후세 사람들에게나 놀라움의 대상이 될 것이라고 말하며 자신들은 그들의 위업에 대해 시가를 지어 일시적인 기쁨을 안겨 주는 시인들도 필요로 하지 않을 정도로 용기로써 모든 바다와 육지를 제압하고 길을 열어, 가는 곳마다 재앙과 축복의 영원한 기념비(mnēmeia)를 심어 놓았다고 말한다(2.41.4).

아테네인들의 시선을 제국 전체로서의 자신들의 힘과 위대성으로 가져가게 하려는 이러한 노력이 줄곧 유지되면서 제국에 대한 페리클레스의 찬양은 아테네에 대한 사랑, 제국 아테네의 영광을 위해 자기 자신의 목숨을 바치는 아테네인들 개인에 대한 극찬에서 절정에 이른다(2.42.4, 2.43.1). 페리클레스는 강조해서 이러한 영광을 드러내고 있고 "이해타산을 넘어서는 행위로서"(특히 2.40.5, 2.43.1) 아테네인들의 이러한 국가에 대한 자발성을 고귀한 것으로 강조하고 있다. 더구나 고상한 행위들은 오직 제국을 위해 위험을 무릅쓰는 데서만 발견된다. 페리클레스는 용기를 북돋아 무엇보다도 그의 동료 아테네인들에게 어떠한 위험도 무릅쓰고 목숨을 바칠 것을 호소하고 있다(2.41.1-6). 그럼에도 불구하고 페리클레스는 용기와 고상함에 대한 호소로 아테네인을 찬양하는 데 연설을 다 써 버리지 않는다. 그는 아테테인들에게 위험을 감내할 것을 요구할 때조차 두려움의 절정에서 명예롭게 죽음으로써 그들이 가져야 할 진정한 가치이자 유일한 선, 즉 "불멸의 찬양"을 얻을 것이라는 약속을 제시한다(2.42.4, 2.43.2).

아테네에 대한 사랑으로 목숨을 바침으로써 각자는 각자의 진정한 행복을 발견한다고 페리클레스는 약속하고 있는 것이다. 이처럼 페리클레스는 행복과 용기를 같은 것으로 볼 것을 강요한다. "행복은 자유이고 자유는 용기이다." 그래서 그는 이러한 생각을 갖고 그들이 전쟁의 위험에서도 머뭇거리지 말라고 명령한다(2.43.4). 요컨대 페리클레스의 견해 전반에 따르면 아테네는 아테네가 지배하고 있는 영토의 범위나 힘의 크기뿐만 아니라, 아테네라는 위대한 제국이 갖추고 있는 정치체제와 삶의 방식 자체가 인간이라는 존재로 하여금 고상한 삶, 최선의 삶을 가능하게 한다는 것이다.

페리클레스가 그리고 있는 아테네 제국주의의 정점에서 보면 소크라테스가 『메넥세노스』에서 그리고 있는 아테네는 그렇게까지 훌륭하지는 않다. 오히려 다소 초라하기까지 하다. 그곳에서는 신들과 선조들의 전통에 대한 칭송이 훨씬 많은 부분을 차지한다. 페리클레스가 신들은커녕 선조들조차도 그저 형식적인 수준으로만 짧게 언급하고 곧 자신의 제국주의 세대를 찬양하는 데 반해(36.1–3) 소크라테스는 아테네의 기원에 대해 세세한 설명부터 시작한다(237b–238b).[6] 그는 아테네인들이 그들 자신의 어머니인 국토에서 자라났다고 주장하면서(『국가』 424d–415a) 모두가 신들과 조상 덕분임을 강조하고 있고 "우리들의 삶의 방식

---

6 신들에 관한 이야기들과 인간사에 대한 신들의 간섭은 투퀴디데스에게는 털어 버리고 싶었던 그리스 역사의 호메로스적 전통의 잔재이다. 소크라테스가 젊은 파이드로스에게 설명하고 있는 것처럼 소크라테스는 자신을 알기 위해 모든 시간을 쓰고 있었기 때문에 신들에 대한 일상적 믿음을 세속적으로 설명해 낼 시간적 여유가 없었고, 그래서 세속의 일상적 신학은 그냥 그대로 두고자 했다(『파이드로스』 229e–230a). Salkever(1993) p. 142.

(238b)을 자리 잡게 해 준" 신들과 선조들, 그리고 국토에 대해 감사하고 있다. 그런 다음 소크라테스는 아테네 정체로 나아간다. 그리고 그것이 오랜 역사 동안 왕들이 있어 온 최선자 지배정(238b-239a)을 가능하게 하고 아테네인을 선하게 만든 유모이자 선생이었다고 기술하고, 그런 연후 신화시대 이후 최근에 이르기까지 전쟁에서 아테네인들이 이룩한 위업을 찬양하고 있다(239a-249a).

특히 연설의 후반부에 이르면 소크라테스의 연설은 페리클레스의 연설과 비교해서 더욱더 명백한 차별성을 드러낸다. 페리클레스가 선조들에 대한 언급에서 바로 자신의 세대로 내려와 최근의 아테네 제국과 그들의 행위를 찬양하고 있는 것에 비해 소크라테스는 그의 연설에서 페르시아 전쟁 시기의 영웅들에 대해 최고의 상을 부여하고 특히 마라톤 평야에서 페르시아인들을 물리친 것에 대해 최고의 명예를 돌린다(240b-241a). 즉, 이 전쟁은 침략 전쟁이 아니라 방어 전쟁이라는 것이다.

그러나 소크라테스의 도덕에 대한 방어 혹은 대외정책이 페리클레스에 대한 그의 응답의 전부가 아니다. 실제로 페리클레스의 제국을 추구하고자 하는 주장들을 보면 소크라테스가 말해야 할 현안이 아직도 많다. 아테네인들을 제국의 목표에 헌신하도록 촉구하면서 페리클레스는 국가 전체를 위해 취하는 행동이 국가를 위해서나 개인을 위해서나 가장 고상한 행동이자 최선의 행동임을 주장한다. 그는 그 후예들에게 국가를 위해 죽은 전몰자들에 겨룰 만한 덕을 쌓으라고 촉구하고 있으며 사람의 진정한 행복이 전쟁의 위험을 감내하는 데 있음을 주장한다. 반대로 소크라테스는 역사를 다시 돌아보며 아테네인들로 하여금 전쟁 자체를 목적으로 삼아서는 안 되며 그것을 자신들을 위해 선택할 만한 것으로 여겨서도 안 된다고 주장한다. 전쟁은 좀 더 높은 목적이 있을 경우에만 어쩔 수 없는 상태에서 수행되어야 한다는 것이다. 이처럼 페리클레스의 견해는 자신의 사적이고 국내적인 관심사를, 공적인 관심사, 국제적인 관심사로 치환하려든다. 그리고 궁극적으로 평화를 전쟁에 예속시키고자 한다. 그러나 소크라테스는 그러한 의도를 반전시키고자 한다. 즉, 가장 오래된 정치학의 문제 중 하나에 대해 답하는 것이다. 페리클레스의 반대편에서, 전쟁을 위한 평화가 존재해서는 안 된다고, 굳이 전쟁을 해야 한다면 평화를 위한 전쟁이 되어야 한다고 호소하는 것이다. 즉, 그들은 그리스인들의 안전과 자유를 방어하기 위해 싸웠던 것이다(239a-240e). 그들은 전쟁이 그 자체로 반드시 수행해야 할 훌륭하고 고상한 것이라서 수행했던 것이 아니라, 전쟁을 할 수밖에 없는 불가피한 상황이었기 때문에 싸웠던 것이다(239b).

소크라테스의 연설에 드러난 아테네 제국주의에 대한 그의 일관된 침묵은, 일반적으로 말해 아테네의 모든 역사는 침략의 역사가 아니라 안전과 자유의 방어를 위한 것임을 드러내 주기 위한 것이다. 물론 이것은 상당 부분 아테네 전쟁사에 대한 소크라테스의 의도적인 삭제와 사실의 변형이 더해져 이루어진 것이지만, 그러한 의도의 배경 역시 소크라테스의 연설 자체가 페리클레스 연설에 반대하기 위한 주도면밀한 대응이라는 데서 그 답을 찾아야 할 것이다. 아테네 제국주의에 대한 페리클레스의 찬양에 대응해서 소크라테스는 그 제국에 대해 침묵하고 있고 나아가 아테네의 영화의 기초를 마라톤 전투로 대표되는 선조들의 영웅적 행동—아테네인들의 자유와 그 밖의 그리스 사람들의 노예 상태로부터의 해방—에 둠으로써 페리클레스의 제국주의의 역사를 조롱하고 있는 것이다. 제국주의를 지워 버리고, 아테네 사람들을 그리스의 안전과 자유를 위해 노력한 강건한 수장의 자리에 다시 앉힘으로써 소크라테스는 아테네 역사의 어둡고 추한 측면을 가리려고 했던 것이다. 그리고 그렇게 함으로써 소크라테스는 페리클레스가 그토록 찬양한 제국주의 시대의 아테네 사람들을 비판하고자 했던 것이다. 아테네 사람들로 하여금 페리클레스가 아니라 그리스 사람들의 자유를 위해 싸운 선조들에게로 시선을 돌려 제국주의 아테네가 아닌 그들의 위업에 최고의 명예를 돌리고자 한 것이다.

요컨대 소크라테스의 연설과 페리클레스의 연설을 비교할 때 드러나는 핵심적인 대척점은 다음과 같은 것이다. 첫째, 어떤 언사로 정치적 삶을 평가하고 있는가에 대해서이다. 즉, 투퀴디데스와 페리클레스에 있어서는 그 표준적인 열쇠가 되는 기준은 늘 위대하고 숭고한 사람들이다. 소크라테스는 이와 달리 평가의 기준에 있어서 선과 정의에 의한 교육과 인간됨을 상정한다. 둘째, 민주정 아테네에 대해서 어떤 역사적 자기 이해가 적절할 것인가에 대해서이다. 투퀴디데스의 펠로폰네소스 전쟁에 관한 기록에서는 아테네의 역사에서 자연과 신들이 어떤 역할을 했는지 전혀 표현되어 있지 않으며, 아테네는 오로지 그 나라를 방어하고 확장시킨 당대 사람들의 용기에 의해서 창조되었다는 점만이 강조되고 있다. 소크라테스는 이와 달리 국가의 기원에 대한 신화적이고 신 중심적인 이야기를 제시한다. 그리고 현재 아테네의 상황들에 대한 광범위한 혼란상을 담고 있다. 셋째, 아테네 시민들에게 요구하는 것이 무엇인가에 대해서이다. 페리클레스는 그의 청중들에게 역동적인 아테네의 지배의 제국주의적 지배 계획을 유지시키는 데 있어서 무엇이 최선인가를 생각할 것을 요구한다. 그러나 소크라테스는 모든 제국주의적 사업을 무시하고 그 대신에 여기선 『소크라테스의 변론』에서처럼 각 개인의 덕과 서로서로 돌보는 것이 중요하다는 것을 강조한다. 넷째, 정치적 연설에서 사용되는 어휘에 대해서이다. 투퀴디데스의 어휘는 위대성, 영광, 탁월함, 행동 등의 언사로 점철되어 있다. 그러나 플라톤의 대화편 곳곳에서는 특히 돌봄, 치유, 기술, 본성, 덕,

정의, 자유 등과 같은 표현들이 많이 눈에 띈다. 다섯째, 정치적 사안을 다루는 어조에 대해서이다. 페리클레스의 어조는 지속적으로 무겁고 심각하다. 그리고 투퀴디데스는 상승과 비참의 순간을 예리하게 병렬적으로 대조하는 비극적 방안을 채택하고 있다. 그러나 플라톤의 어조는 매우 가볍고 익살스러우며 다양하고 변화무쌍하다.

결국 플라톤은 『메넥세노스』에서 페리클레스적인 정치학을 적대적인 정치학 그 자체로 상정하였음이 분명해 보인다. 소크라테스가 찬양하고 있는 전통적이고 경건한 아테네에 대조해 볼 때 페리클레스의 추도 연설은 정의와 신들에 대해 눈을 감고 있다. 우리가 이미 강조했듯이 페리클레스는 제국을 칭송하는 데 열중한 나머지 정의에 대해서도 신들에 대해서도 별 신경을 쓰지 않는다. 더욱이 우리는 페리클레스적인 정치학의 급진적 성격, 이를테면 국가와 개인은 어떤 제한이나 좀 더 상위의 권위로부터 자유롭다는 가정이 아테네의 가장 위대한 정치가에 의해 대중적 재가를 얻게 되었다는 사실과도 마주쳐야 한다. 공공의 교육과 관련하여 그러한 정치학은 소크라테스적 검증이 추구하는 문제들, 즉 정의와 경건에 대해 관심을 덜 기울이게 할 것이다. 페리클레스에 의해 설교되고 선언된 기고만장한 자유는 특히 젊은이들을 부추길 것이고 가장 중요한 문제들에 대해 알 필요가 있는 모든 것을 그들이 이미 알고 있다고 쉽게 확신하게 만든다. 그래서 소크라테스는 서두 부분에서 철학과 교양을 모두 공부하고, 그래서 좀 더 큰 것에 관심을 가지고 대중들을 다스리려고 하는 메넥세노스를 꾸짖고 있는 것이다.

3) 페리클레스적 삶의 방식에 대한 소크라테스적 대안

그런데 『메넥세노스』에서 제시되고 있는 소크라테스의 이러한 모든 의도가 오로지 페리클레스적 제국주의에 대한 적대감 때문이었을까? 그리고 『메넥세노스』에는 그러한 적대감에 대한 풍자와 아이러니 이외에 페리클레스적 삶의 태도를 넘어서는 소크라테스 나름의 좀 더 적극적인 철학적 입장 내지 삶에 대한 견해는 없는 것일까? 우리는 아테네 제국주의를 반대하고 그것에 의해 핍박을 받았던 사람들이 견지하고 있었던 정치적 관심사를 드러냄으로써 『메넥세노스』에 나타난 소크라테스의 연설의 내적 입장에 접근할 수 있는 단초를 얻는다. 즉, 그것은 정의에 대한 관심이다. 페리클레스는 자신의 동료 시민을 찬양하면서 아테네가 제국이 될 수 있는 길이라면 어떠한 제한도 두지 않는다. 여러 다른 그리스 도시들과도 도움만 된다면 어떤 식으로든 연대한다. 그에 비해 소크라테스는 그리스인들과 이방인들이 핏줄과 언어에서 모두 차이가 난다는 것을 환기시키면서 그에 기초하여 페르시아에 대항하여 함께 뭉칠 것을 호소한다. 뿐만 아니라 이러한 끈은 그리스인들 사이의 분쟁을 막는 지렛대로도 작용해야 한다는 것도 강조된다(239a-b, 240e, 241a-c, 242a, 242d, 243b-c). 이러한 의미에서 최소한 소크라테스는 그의 동료 아테네인들이 항상 바른 길을 추구해야 한다고 강조한다. 그리스인들을 외세의 지배로부터 수호하겠다는, 그리고 결코 스스로 이웃을 파괴하거나 예속하지 않겠다는 자신들의 서약에 충실해야 한다고 주장하는 것이다(243e-244b, 245c-e).[7] 요컨대 『메넥세노스』는 전쟁보다는 평화와 자유와 정의가 보다 가치 있는 목표임을 일깨워 준다.

그러나 최고의 덕과 최고의 선이 전쟁과 정복에서만 이루어질 수 있다는 페리클레스의 견해에 대해, 소크라테스가 줄 수 있는 보다 구체적이고 적극적인 삶의 방식은 무엇일까? 플라톤은 우리의 기대에 부응하여 이러한 삶의 방식을 연설의 후반부에서 이루어지는 자식들과 부모들에 대한 연설을 통해 제시한다. 그런데 이곳에서 드러나는 그의 충고는 아주 놀랄 만한 것이다. 왜냐하면 무엇보다도 철학적 삶을 제시하고 그러한 삶의 방식을 다른 사람에게 권하는 것이 기존에 소크라테스가 보여 주

---

7 테일러(A.E. Taylor)는 이곳에서 이소크라테스의 Panegyrikos를 연관시킨다. 이소크라테스는 특히 그리스 사람들과 이민족 사람들의 구별을 강조하면서 범그리스주의를 목표로 모든 그리스 사람들이 단합할 것을 촉구하였다. A.E. Taylor, *Plato: The Man and His Works*, p. 42; Kahn(1963), p. 231, S. Collins & D. Stauffer(1999), p. 102 재인용.

었던 통례적인 방식이라면 『메넥세노스』에서는 철학 자체에 대한 언급은 없고 그 대신 보다 전통적인 의미에서의 도덕적 삶을 아이들에게 권하고 있기 때문이다. 이것은 전쟁에서 무제한적인 행위를 찬양하고 부추기는 페리클레스의 급진적 찬양과 대조적이다. 소크라테스는 보다 제한적이고 전통적인 도덕에 관한 견해를 그에 맞서 제시한다. 엄밀하게 말하면 소크라테스는 그 자신의 충고는 제시하지 않고 단지 제3자를 내세워 그러한 견해를 보고할 뿐이다. 소크라테스는 이제 권위를 다른 곳에 부여한다 (246c). 소크라테스는 아이들에게 아버지들의 말을 전하면서 부분적으로는 아버지들 자신의 말로 구성하고 있으나 한편 그들이 말했을 것이라고 여겨지는 것을 미루어 추론하여 전하고 있다. "이제 나는 당신들에게 그들 자신으로부터 내가 들었던 것과 그때 그들이 말씀하셨던 것들로 미루어 판단하여 그들이 힘이 있다면 당신들에게 지금 기꺼이 말해 주었을 그 말들을 일러 주고자 합니다. 자, 그러면 내가 전하는 말을 여러분은 그들 자신들로부터 듣는 것이라고 생각해야만 합니다."(246c)

소크라테스의 입을 통해 아버지들은 자식들에게 덕이 있는 사람이 돼라고 권하고 있다. 이것은 전쟁에서의 용기를 포함하고 있다. 실제로 그들은 자신이 가족들에게 수치가 되기보다는 자신의 목숨을 바치는 용기를 시범으로 보여 주었다고 말한다 (246d). 그러나 중요한 것은 아버지가 이 덕을 전쟁에서의 용기에 국한하거나 그러한 행위를 덕의 최고봉으로 이야기하지 않는다는 점이다. 오히려 아이들에게 전쟁에서 고귀하게 죽는 것을 준비시키는 데 그리 큰 비중을 두지 않는다. 아버지들은 자식들에게 덕과 용기의 영역을 넓혀 말하고 있고 그들 스스로 그들이 하는 모든 일에서 그렇게 살아야 한다고 말하고 있다. "그러므로 너희들은 우리의 말을 명심하고 다른 어떤 일을 할 때에도 덕(aretē, 용기)을 가지고 하지 않으면 안 된다. 덕이 없이는 재산이든 일이든 모든 것이 수치스런 것이자 나쁜 것임을 알아야 한다. 왜냐하면 어떠한 부도 비겁함을 동반한 채 그것을 소유한 자에게는 아름다움을 가져다주지 않으며—그러한 자는 남을 위해 부유한 것이지 자기를 위해 부유한 것이 아니니까—또, 신체의 아름다움과 강함도 비겁하고 사악한 자에게 붙어 있으면 어울려 보이기는커녕 꼴사나워 보이고 그 소유자를 더욱 눈에 띄게 하여 그의 비겁함을 드러내 준다. 모든 지식조차 정의와 그 밖의 덕으로부터 떨어져 있게 되면 지혜가 아니라 간사함으로 나타나는 것이다. 이 때문에 너희는 시종일관 줄기차게 모든 면에서 열의를 갖고 영예에 있어서 우리들과 선조들을 최대한 능가하도록 노력하거라."(246e–247a) 덕 있는 삶과 관련하여 부친들은 단순히 자신을 모델로 따르라고 말하지 않고 오히려 자손들이 스스로 모든 면에서 열의를 갖고 그들 자신의 성취는 물론 조상들이 이룬 성취를 능가하라고 권하는 것이다.

더욱이 부친들이 권면하면서 덕의 영역을 넓히고 있다고 한다면 그 영역은 조상, 가족, 그리고 신들까지도 함께 엮는 것이다. 그들은 자신들이 죽음을 택하는 것조차 그들이 천하게 죽으면 초래될 결과에 대한 반성과 결부시켜 그렇게 하는 것이라고 설명하고 있다. 즉, 가족에게 수치를 가져다주는 사람은 살 가치가 없고 친구나 사람이나 신들에게도 버림을 받는다고 말한다. 연설에서 부친들은 여러 번에 걸쳐 자식들에게 같은 경고를 한다. 실제로 그들은 자식들에게 선조들의 평판을 남용하지 말라고 경고한다. 그리고 마지막 경고를 그들에게 남긴다. "그래서 만일 너희들이 이런 가르침을 실천에 옮긴다면 정해진 운명이 너희들을 데려갈 때 너희들은 사랑하는 사람 곁에 오는 사랑하는 사람들로서 우리들에게 오게 될 것이다. 그러나 가르침에 관심을 기울이지 않고 겁쟁이 짓을 하면 어느 누구도 너희들을 친절하게 받아 주지 않을 것이다. 자, 자식들에게 이상의 것들을 말해 주었으면 합니다."(247c) 부친들의 마지막 경고가 지시하는 것은 덕에 대한 그들의 격려가 갖는 도덕적 힘이 근본적으로 가족적 연대에 기초해 있음을 보여 주는 것이다. 소크라테스는 이 경우 페리클레스와 달리 가족으로서의 권위를 살려 그러한 권고를 하게 했던 것이다. 즉, 그렇게 함으로써 덕에 대한 권면은 그 자신의 권위뿐만 아니라 선조들의 전통과 신들의 지켜봄이라는 무게까지 실리게 되는 것이다.

자식들에 대한 부친의 연설을 우리들의 지침으로 생각한다면 우리들은 『메넥세노스』가 페리클레스의 제국주의에 맞서 던지고 있는 삶의 목표에 대한 물음에 답을 얻을 수 있을 것이다. 소크라테스가 제시하는 이러한 빛 아래서 아테네는 자신의 안전과 자유를 방어하기 위해 대외적인 일에 헌신하는 것이다. 이러한 답은 요컨대 왜 자유와 평화가 좋은 것인가에 대한 답이 될 뿐만 아니라 왜 소크라테스가 아테네 제국주의를 그렇게까지 묵살하려고 했느냐에 대한 답이 될 것이다. 사실 대외적인 일과 국내적인 일에 적용되는 행위의 원리들 사이에는 어떤 절대적인 선이 없기 때문에 대외적인 일에 대한 행동은 당연히 국가의 국내적인 생활에 큰 영향을 준다. 위대한 제국주의적 침략 행위를 추구함에 있어 페리클레스의 아테네는 그러한 행위가 법과 정의에 의해 구애받지 않는다고 생각한다. 이러한 사고는 그 자신의 신민인 아테네 시민들에게 그러한 제한에서 벗어나는 어떤 자유를 조장하는 것이다. 즉, 그는 '자유의 정치학'을 추구한다. 반대로 소크라테스의 아테네는 그의 연설에서 봤을 때 마라톤 전사들의 정신에 기초한 도시, 즉 옳음에 대한 존중에 기초하는 도시이므로 국내적으로도 정의와 덕의 실천을 늘 신경 쓰게끔 하는 모델이자 그것에 근거를 제공하는 모델이다. 즉, 그는 '정의의 정치학'을 추구한다.

그렇다고 페리클레스의 아테네가 덕에 아무런 관심이 없다고 말하는 것이 아니다. 페리클레스 역시 아테네 제국이 품위를 갖추어야 한다고 제안하며 아테네인들의 도덕적 관심을 호소하고 있다. 그러한 관심은 보다 높은 계획을 위해 사적인 이익을 넘어서는, 품위 있는 행위에 대한 좀 더 높은 차원에서의 관심이다. 그러나 페리클레스의 아테네 제국이 그렇듯 그것은 아테네만을 위한 도덕이다. 따라서 우리는 그것이 보편적 도덕으로서는 문제가 있다는 것을 살펴보기 위해 정의에 대한 초기의 사고로 돌아갈 필요가 있다. 사실 그러한 문제 제기는 아테네 제국주의의 희생자들에 의해서뿐만 아니라 일부 아테네인들 자신에 의해서도 제시되었다. 즉, 그들은 시켈리아에서 아테네군이 직면한 엄청난 재난이나 질병 같은 재앙들을 그들 자신의 침략에 대한 합당한 징벌로 여기고 있었던 것이다(2.47, 2.53, 7.77). 분명 아테네 제국주의가 어떤 덕들을 고양시켰고 그것이 페리클레스가 찬양한 용기였다면, 그것은 힘의 정의롭지 못한 사용을 금지하는 제한들이나 법에 공공연히 반해 이루어진 것에 불과하다. 그리고 페리클레스 자신조차 제국이 아무리 위대하고 고귀하다고 해도, 그리고 용기가 아무리 탁월하다고 해도 부정의하다는 오점을 지울 수는 없었다. 실제로 페리클레스는 투퀴디데스의 『역사』 2권에 실린 자신의 마지막 연설에서 "제국을 참주정으로 장악하고 있고 그러한 제국을 획득한 것이 부정의한 것으로 생각될지라도 결코 아테네의 패권을 놓아서는 안 된다"라고 강조하고 있는데(2.63.2), 이것은 그 자신은 물론 아테네인들 역시 이미 아테네 제국의 정체를 일정 부분 부정의한 참주정으로 인정하고 있음을 보여 주는 것이다. 이처럼 투퀴디데스에 기록되어 있는 수많은 아테네 제국주의자들은 오만하게도 스스로를 도덕적 계몽주의로 선언하고 자신들의 제국주의를 합리화하며 반대자들을 침묵시키면서까지 전통적인 지지자들인 조상과 가족, 신들에 대한 존경을 스스로 파괴하고 있다. 그러나 소크라테스는 자신의 연설에서 이러한 전통적인 지지자들에게 큰 비중을 둔다. 우리는 이런 점에서도 왜 소크라테스가 페리클레스의 제국주의를 그토록 반대했는지를 이해할 수 있다. 그러한 제국주의는 궁극적으로 도덕적인 덕목들에 위협을 가하는 것이었고 덕의 실천의 조건들을 취약하게 만드는 것이며 전통적인 지지자들에 대한 믿음의 일부를 해이하게 만드는 것이었기 때문이다.

이러한 맥락에서 이 연설에 등장하는 유일한 철학적 언급을 떠올릴 수 있다. 즉, 그가 말하는 "유약하지 않은 앎"이란 전쟁과 제국주의적 지배를 인간 삶의 가장 위대한 목적으로 찬양하는 페리클레스의 근본 입장에 상응하는 것이다. 그의 연설은 시종일관 말보다는 행위에 절대적인 우위성을 부여하고 있었던 것이다(40.1, 41.2, 41.4, 35.1). 앎이 배제된 행위란 소크라테스와 플라톤이 결코 동의할 수 없는 것이다. 플라톤은 소크라테스적 삶을 통해서 인간의 삶은 정치적 행위에서가 아니라 철학적 활동에서 그 최고의 선을 발견한다는 것을 분명히 하고 있기 때문이다. 이런 점에서 정치를 꿈꾸는 젊은이를 상대로 펼쳐지는『메넥세노스』역시 페리클레스적 삶에 대한 경고를 담고 있음과 동시에 소크라테스적 철학에 입문하는 데 필요한 일종의 교육으로서 제시된 것이라 할 것이다.

6. 종합

우리는 앞에서『메넥세노스』가 안고 있는 기본적인 수수께끼 내지 의혹들을 제기한 후 그것을 해명하기 위한 여러 가지 시도들을 살펴보았다. 우선『메넥세노스』를 연설 기술에 대한 소크라테스적 냉소 내지 패러디로 보는 입장을 살펴보았고, 그런 연후 그러한 풍자를 넘어서『메넥세노스』가 내포하고 있는 철학적 함축을 좀 더 적극적인 견지에서 재구성해 내려는 입장들도 함께 살펴보았다. 전자는 우선 텍스트 자체의 시각을 존중하면서 플라톤의 대화편이 갖는 특성적 측면에 주목하여『메넥세노스』의 내적인 성격에 접근한다는 장점을 갖고 있으나 소크라테스 연설 후반부의 소크라테스적 당부가 갖는 진지함을 해명하는 데는 여전히 한계를 보이고 있다. 그에 비해 후자는 흥미롭게도『메넥세노스』를 페리클레스적인 정치철학적 입장에 대한 안티테제로 읽어 내려는 기본 입장을 확고히 견지하면서 다른 대화편은 물론 투퀴디데스의 『역사』까지 끌어들여 『메넥세노스』가 갖는 대(對)페리클레스적 대척점을 추적함과 더불어 그것이 함축하는 철학적, 역사적 의미를 탐색하고 있다. 특히 칸은 그러한 입장 위에서 『메넥세노스』의 저작 동기까지 추적해 들어가 이 대화편이 아테네의 고귀한 전통에 대한 깊은 충성의 발로이자 지금의 아테네에 대한 상심과 수치와 분노의 발로로 쓰인 정치적 팸플릿이라고까지 해석한다. 즉, 칸은 『메넥세노스』가 지각 있는 아테네 사람들에게 탄식과 회한을 안겨다 준 이른바 기원전 386년 안탈키다스 평화 조약 직후에 작성되었다는 점에 주목해, 이 조약 직후 아테네의 현실에 대한 플라톤의 발언이 이 대화편에 담긴 것으로 보고 『메넥세노스』의 진짜 주제를 『고르기아스』의 주제, 그리고 392년 혹은 388년에 뤼시아스가 행한 올림픽 연설의 주제, 그리고 몇 해 뒤 이소크라테스가 자신의 연설에서 다룬 주제와 동일한 것으로 파악하고 있다. 그리하여 『메넥세노스』의 소크라테스의 연설 역시 종국적으로 그리스 국가들의 통합, 다시 말해 페르시아의 침입에 직면하여 도시국가들 사이의 범그리스적 공조와 통합의 필요성을 역설한 정치적, 역사적 문서로 해석하고 있는 것이다.

그러나 칸을 위시해 후자의 입장에 서 있는 사람들은 『메넥세노스』에서 뭔가 가시적인 이론적 내지 역사적 함축을 지나치게 이끌어 내려고 함으로써 『메넥세노스』가 갖는 문학적 성격 내지 풍자가 내포하는 복합성을 간과하고 있음은 물론 철학적 논의의 다양성까지 훼손하고 있는 것이 사실이다. 특히 칸은 『메넥세노스』를 당대의 아테네 정치를 개혁하고자 하는 모종의 정치적 프로그램 내지 팸플릿으로까지 이해하고 있으나 이 대화편에 그러한 것을 뒷받침할 만한 명시적인 동기 내지 원리들이 그의 기대만큼 명료하게 드러나 있지는 않다. 다시 말해 『메넥세노스』에서는 오늘날 분석적인 철학자들이 사용하는 의미에서의 어떠한 철학적 "논변" 내지 체계적인 "이론"이 발견되지 않는다. 그런 의미에서 보면 이 대화편이 뭔가 풍자적인 요소로만 가득하다고 보는 입장이나 그 배후에 뭔가 일관된 철학적 주장 내지 동기가 관철되어 있다고 여기는 입장 모두, 애매함과 진지성을 복합적으로 내포하고 있는 『메넥세노스』를 균형 있고도 온전하게 이해하는 데 방해가 된다고 평가할 수 있을 것이다.

그러나 이러한 입장들과 상관없이 『메넥세노스』가 일단 고전적인 추도 연설의 기본 형식을 따르고 있다는 점만을 고려한다 하더라도 『메넥세노스』에 드러난 플라톤의 의도에 관한 몇 가지 의미 있는 이해에 다가설 수 있다. 무엇보다도 추도 연설은 당시의 아테네와 아테네인들이 어떻게 자신들을 이해하고 있는지 그 단면을 엿보게 해 줄 뿐만 아니라 당대의 정치 현안과 체제에 대한 일정한 입장과 주장을 담고 있다. 고대의 추도 연설을 본뜬 링컨의 게티즈버그 연설도 그러하듯이 추도 연설의 위상은 본질적으로 찬양이면서 동시에 현안에 대한 일정한 정치적 입장과 기존 정치체제에 대한 자기규정을 포함하고 있는 것이다. 서두에서 살핀 바와 같이 비록 고대의 연설문들 중 일부만이 오늘날까지 전해지고 있지만, 그것들은 모두 당대의 지배 이데올로기 내지 연설자 자신의 세계관과 관련한 일정한 메시지와 주제를 담아낸 것들이었으며 연설문이 일종의 표준화된 장르였음을 보여 주고 있다. 이렇듯 『메넥세노스』에서도 소크라테스는 추도 연설문의 기본적인 형식을 따르면서 그것을 통해 당대 아테네인들의 삶의 방식에 대한 자신의 비판적 인식을 담아내고 있음은 물론 그것의 극복을 위한 나름의 대안 또한 제시하고 있는 것이다.

물론 추도 연설 앞뒤의 대화에 드러난 익살과 풍자는 앞에서도 지적하였듯이 『메넥세노스』에서 뭔가 이론적인 암시를 찾고자 하는 데 방해가 되는 장치이긴 하다. 그러나 이것이 『메넥세노스』의 내용 전체가 그 자체로 모종의 적극적인 요점을 담고 있지 않은 단순한 풍자 내지 냉소에 불과하다는 것을 의미하는 것은 아니다. 비록 여러 가지 문학적 장치가 갖는 한계에 따른 불명료함이 개재되어 있지만 앞에서 언급한 것처럼 추도 연설이 갖는 본질적인 성격과 위상을 고려할 때, 분명 당시의 정치 상황에 대한 플라톤의 이해는 물론 일정하게는 정치적 삶에 대한 플라톤 나름의 견해가 개진되어 있다고 보아야 할 것이다.

그런 점에서 보면, 우리가 앞에서도 살펴보았듯이 소크라테스의 추도 연설은 비록 당대의 현실에 대한 적극적이고도 구체적인 정치적 발언이라고까지 주장될 수는 없을지라도, 일정하게는 현대의 주석가들이 탐색하고 있는 것처럼 투퀴디데스적 정치 담론을 환기시키고 그것에 대해 도전하고 있음이 분명하다 할 것이다. 사실 소크라테스적 입장과 투퀴디데스 내지 페리클레스적인 입장의 방식 사이에는 철학과 정치, 이상과 현실, 보수와 진보, 평화 공존과 제국주의 등 서로 다른 목적들과 해결해야 할 서로 다른 문제들이 내재되어 있다. 『메넥세노스』에서의 소크라테스는 분명 페리클레스적 삶의 방식에 맞서 당시의 아테네인들은 물론 『메넥세노스』를 읽는 오늘날의 우리들로 하여금 지상에서의 불멸성과 정치적 위대성에 대한 지향을 버리고 자연적 본성에 입각한 정치학에 충실할 것을 권면하고 있는 것이다.

요컨대 소크라테스의 연설은 역사에 대한 패러디 또는 조롱이라기보다는 자신의 의견의 개진 내지 훈계에 가까운 것이다. 특히 그 방법에 있어서 그가 택한 전략이 종래의 고답적인 문답의 방식이 아니라 대중이 이해할 수 있는 연설의 방식이었다는 것 또한 주목할 만한 점이다. 형식적인 연설 기법의 측면에서도 그는 비록 연설 기술의 신실치 못한 측면을 끌어들이긴 했어도 그것이 지향하는 고상한 동기들은 분명 페리클레스의 연설에 맞서는 소크라테스의 의도를 아주 효율적으로 표현해 주고 있다. 『고르기아스』에서 플라톤은 진정한 연설 기술이란 시민들의 욕망을 정의와 선에 일치되도록 바꾸기 위한 기술, 그들을 보다 좋은 사람으로 만들기 위한 기술이라고 정의하고 있다(517b). 만약 『메넥세노스』가 플라톤적인 연설 기술을 보여 주는 하나의 시도이자 견본이라고 한다면, 그곳에 나타난 아테네 역사에 대한 그의 자유로운 변형은 과거와 그 과거에 대한 찬미자를 조롱거리로 만들기 위해서가 아니라 현재의 사람들로 하여금 자신들의 역사를 그러한 고귀한 변형에 걸맞도록 권면하기 위해 주도면밀하게 기획한 결과임이 분명하다. 이러한 노선은 공적인 삶과 사적인 삶 사이의, 혹은 눈부신 고상함과 단순한 선성 사이의, 혹은 현실과 이상 사이의 페리클레스적 구분을 재평가하라고 요구하는 것이자, 이른바 정치학과 철학 사이의 본질적 긴장을 실천적 지혜로 직조해 내는 것을 의미하는 것이다. 이렇게 볼 때 『메넥세노스』는 여전히 『고르기아스』의 연장선상에서 아테네 연설 기술 내지 변론술의 실제를 비판하고 철학적 삶에 헌신하고자 하는 기본 프로젝트를 그야말로 대중이 이해할 수 있는 방식으로 일관되게 수행하고 있는 것이라고 말할 수 있을 것이다.

참고문헌

일차문헌

1. 텍스트(기준 판본)

Platon, Menexenos in J. Burnet(ed), *Platonis Opera*, vol. III, Oxford Classical Texts. Oxford Clarendon Press, 1903.

2. 번역과 주석

Allen, R. E., *The Dialogues of Plato*, vol. 1. New Haven, Connecticut/ New York, Yale University Press, 1984.

Apelt, O., *Platons Dialoge. Charmides, Lysis, Menexenus*, Leipzig, 1918.

Bury, R. G., *Plato. Timaeus, Critias, Cleitophon, Menexenus, Epistles*, Cambridge, London, Harvard University Press (Loeb Classical Library), 1929.

Chambry, É., *Platon. Œuvres complées*. Paris, Garnier, 1936. (trad. fr., reprise dans Platon, *Protagoras, Euthydème, Gorgias, Ménexène*,

Ménon, Cratyle, Paris, GF-Flammarion, 1967).

Collins, S. D., Stauffer, D. *Empire and the Ends of Politics, Plato's Menexenus and Pericles' Funeral Oration*, Newbury (Massachusetts), R. Pullins (Focus Philosophical Library), 1999.

Cooper, J. M. (dir.), Ryan, P., (trad.), *Plato. Complete Works*, Indianapolis/Cambridge, Hackett Publishing Company, 1997. (trad. angl.).

Graves, C. E., *The Euthyphro and Menexenus of Plato*, London, Macmillan and co. limited, 1907 (First ed. 1881).

Jowett, B., *The Dialogues of Plato*, vol. 1. Oxford, 1892.

Jowett, B. in Hamilton, E., Cairns, H., *Plato. The Collected Dialogues including the Letters*, Bollingen Series LXXI, Princeton University Press, 1961.

Loayza, D., *Ménexéne, Traduction inédite, introduction et notes*, GF-Flammarion, 2006.

Méridier, L., *Platon. Œuvres compltes*, L V, 1. Paris, Les Belles Lettres (coll. des Universits de France), 1931.

Rufener Rudolf, *Platon. Sämtliche Werke*, Zurich/Munich, Artemis Verlag, 1948.

Robin, L., Moreau, J. (collab.), *Platon. Œuvres compltes*, Paris, Gallimard, la Pliade, 1953–1955.

Schleiermacher, F. *Platons Werke*, Berlin, 1826.

Shawyer, J. A., *The Menexenus of Plato*, Oxford, 1906.

박종현 역주, 『플라톤의 고르기아스, 메넥세노스, 이온』, 서광사, 2018.

천병희 옮김, 『파이드로스, 메논, 뤼시스, 라케스, 카르미데스, 에우튀프론, 에우튀데모스, 메넥세노스』, 플라톤 전집 2, 숲, 2019.

이차문헌

1. 단행본

Dodds, E. R., Plato, Gorgias. *A revised text with introduction and commentary*, Oxford, Clarendon Press, 1959.

Dover, K. J., *Greek Popular Morality in the Time of Plato and Aristotle*, Oxford, Blackwell, 1974.

Erickson, K. V. (dir.), *Plato: True and Sophistic Rhetoric*, Amsterdam, Rodopi, 1979.

Goulet, R. (dir.), *Dictionnaire des philosophes antiques*, Paris, CNRS, 1994.

Henly, M. M., *Prisoner of History. Aspasia of Miletus and her Biographical Tradition*, Oxford, Oxford University Press, 1995.

Löbenclau, I. von, *Der platonische Menexenus*, Stuttgart, Kohlhammer, 1961.

Loraux, N., *The Invention of Athens: The Funeral Oration in the Classical City*, Alan Scheridan trans, Cambridge, Cambridge, University Press, 1986.

Oppenheimmer, K., *Zwei attische Epitaphien*, Diss, Berlin, 1933.

Pappas N. & Zelcer M., *Politics and Philosophy in Plato's Menexenus*: Education and Rhetoric, Myth and History, Routledge, 2015.

Parker H. & Robitzsch J. M., *Speeches for the Dead*: Essays on Plato's Menexenus, Beiträger zur Altertumskunde Book 368, Jun 25, 2018.

Romilly, J. de, *Magic and Rhetoric in Ancient Greece*, Harvard University Press, 1976.

Rowe, C. et Schofield, M. (dir.), Harrison, S., Lane, M. (coll.), *The Cambridge History of Greek and Roman Political Thought*, Cambridge, Cambridge University Press, 2000.

Thurow, R., *Der platonische Epitaphios. Untersuchungen zur Stellung des Menexenos im platonischen Werk*, Diss. phil., Tübingen, 1968.

Wardy, Robert, *The Birth of Rhetoric, Gorgias, Plato and Their Successors*, Londres, Routledge, 1996.

2. 논문

Bloedow, E. F., "Aspasia and the mystery of the Menexenus", Wiener Studien, 1975, pp. 32−48.

Bosworth, A. B., "The Historical Context of Thucydides' Funeral Oration", *Journal of Hellenic Studies* 120: 2000. pp. 1−16.

Collins, Susan D., Stauffer, D., "The challenge of Plato's Menexenus", *Review of Politics* 61, 1999, pp. 85−115.

Coventry, L., "Philosophy and rhetoric in the Menexenus", *Journal of Hellenic Studies* 109, 1989, pp. 1−15.

Croiset, A., "Sur le Ménexéne de Platon", *Melanges Perrot*, Paris, Fontemoing, 1903, pp. 59−61.

Dean-Jones, L. A., "Menexenus, son of Socrates", *Classical Quarterly* 45, 1995, pp. 51−57.

Dirat, M., "Ễ eloquence de Platon dans le Ménexéne", *Abstracts of the American Philological Association* 60, 1991, pp. 327−343.

Duffy, B. K., "The Platonic Functions of Epideictic Rhetoric", *Philosophy & Rhetoric* 16, 1983, pp. 79−93.

Henderson, M. M., "Plato's Menexenus and the distortion of history", *Acta classica* 18, 1975, pp. 25−46.

Huby, P. M.,"The Menexenus Reconsidered", *Phronesis* 2: 1957. pp. 104−114.

Kahn, C. H., "Plato's funeral oration. The motive of the Menexenus", *Classical Philology* 58, 1963, pp. 220−234.

Lababre, J., "Anomalies dans le Ménexéne de Platon", *L' Antiquité classique*, 60, 1991, pp. 89−101.

Long, C. P., "Dancing naked with Socrates: Pericles, Aspasia and Socrates at play with politics, rhetoric and philosophy", *Ancient Philosophy* 23, 1 (2003), pp. 49−69.

Loraux, N., "Socrate contrepoison de l' oraison funèbre. Enjeu et signification du Ménexéne", *L' Antiquité classique* 43, 1974, pp. 172−211.

Monoson, S. S., "Remembering Pericles: the political and theoretical import of Plato's Menexenus", *Political Theory* 26, 1998, pp. 489−513.

Müller, C. W., "Platon und der Panegyrikos des Isokrates, Überlegungen zum platonischen Menexenos", *Philologus* 135, 1881, pp. 140−156.

Otto, I. D., "Der Kritias vor dem Hintergund des Menexenos", in Calvo, T. et Brisson, L. (ed.), Symposium Platonicum 4. Interpreting the Timaeus-Critias. *Proceedings of the IV Symposium Platonicum*, Sankt Augustin, Academia Verlag, 1997, pp. 65−81.

Romilly, J. de, "Réflexions sur le courage chez Thucydide et chez Platon", *Revue des études grecques* 93, 1980, p. 307−323.

Rosenstock, B., "Socrates as revenant: a reading of the Menexenus", *Phoenix* 48, 1994, pp. 331−347.

Salkever, S. G., "Socrates's Aspasian Oration: The Play of Philosophy and Politics in Plato's Menexenus", *American Political Science Review* 87: 1993, pp. 133−143.

Stern, H. S., "Plato's funeral oration", *New Scholasticism* 48, 1974, pp. 503−508.

De Vries, G. J., "*Semnos* and cognate words in Plato", *Mnemosyne*, III, 12, 1944, pp. 151−156.

Wendland, P., "Die Tendenz des platonischen Menexenus", *Hermes* 25, 1890, pp. 171−195.

3. 고전학 사전

Hornblower, S. & Spawforth, A.(ed.), *The Oxford Classical Dictionary: The Ultimate Reference Works on the Classical World* [=OCD], 3rd ed., Oxford: Oxford University Press, 1996.

4.「부록」페리클레스 추도 연설
「기존 판본」

Johnes, H. Stuart, *Thucydidis historiae*, rev. by J. E. Powell, Oxford Classical Texts, 1942.

「텍스트」

Classen, J., Steup, J., *Thucydides*, erklärt von Johannes Classen, bearbeitet von Julius Steup, Vol. 1. II, 3rd ed. Berlin, 1892.

Krüger, Thycydidu Xyngraphē, mit erklärenden Anmerkungen, Vol. I.1, 3rd ed. 1860.

de Romily, J., *Thucydide, la guerre de peloponnèse*, livre ii, Paris, 1962.

Rhodes, P. J., *Thucydides, History II*, Warminster, 1988.

Rusten, J. S.(ed), Thucydides: *The Peloponnesian War*, Bk. II, Cambridge Greek and Latin Classics, Cambridge University Press, 1989.

Smith, C. F., *Thucydides, History of the Peloponnesian War*, Vol. I, Loeb Classical Library, Harvard University Press, 1969.(1st ed. 1919)

「번역과 주석, 기타 단행본」

Bétant, E. A., *Lexicon Thucydidaeum*, 2 vols. Geneva, 1843−1847.

Connor, W. R., *Thucydides*, Princeton, 1984.

Crane, G., *Thucydides and the Ancient Simplicity*, Berkeley, Los Angels, 1998.

Crawley, R., *The History of the Peloponnesian War*, London, 1910.

Finely, J. H., *Thucydides*, Cambridge, Mass, 1942.

_____, *Three Essays on Thucydides*, Cambridge, Mass, 1967.

Herter, H.(ed.), *Thucydides*, Wege der Forschung Vol. 98, Darmstadt, 1968.

Kakridis, J. T., *Der Thucydideische Epitaphios*: ein stilitischer Kommentar, Zetemata 26, Munich, 1961.

Gomme, A. W., Andrewes, A., Dover. J, *A historical commentary on Thucydides*, Oxford I, II., 1945−1981.

Hornblower, S., *A Commentary on Thucydide*s, Vol. I, Clarendon Press, Oxford. 1991.

Luschnat, O, *Die Feldkerrnredm im Geschichtswerk des Thukydides* (*Phlologus Supplbd* 34, Leipzig, 1942).

Parry, A. M., *Logos and ergon in Thucydides*, New York, 1981. (diss. Harvard. 1957)

de Romilly, J., *Thucydides and Athenian Imperialism*, tr. P. Thody, Oxford, 1953. *Histoire et raison chez. Thucydide*, Paris 1956.

Rawlings, H. H., *The Structure of Thucydides' History*, Princeton, 1981.

Ros, J. G. A., *Die metabolē(variatio) als Stilprinzip des Thukydides*, Nijmegen, 1938.

Schwarze, J., *Du Beurteilung des Perikles durch die attische Komodie*, Zetemata 51, Munich, 1971.

Warner, R., *The History of the Peloponnesian War*, Penguin Classics,

Harmondsworth, 1954.

Ziokowski, J., *Thucydides and tradition of funeral speeches at Athens*, New York, 1981.

縢繩謙三, トゥキュデイデス 歴史 1, 京都大學 學術出版會, 2000.

「논문」

Ridley, R. T., "Exegesis and audience in Thucydides", *Hermes* 109, 1981, pp. 23-46.

de Romilly, J., "L' optimisme de Thucydide et le jugement de l' historien sur Pericles (11.65)", *R.E.G.* 78, 1965, pp. 557-575.

Rusten, J. S. "Two lives or three? Pericles on the Athenian character. (Thuc. 2.40.1-2)", *Classical Quartery* 35, 1985, pp. 14-19.

Smart, J. D., "Thucydides and Hellanicus" in *Past perspectives* (ed.) I. S. Moxon, J. D. Smart and A. J. Woodman, Cambridge, 1986, pp. 19-36.

Strasburger, H., "Thukydides und die politische Selbstdarstellung der Athener", *Hermes* 86, 1958, pp.17-40=*Thukydides* (Wege der Forschung, ed. Hans Herter), Darmstadt, 1968, pp. 498-530.

Wilamowitz-Moellendorf, U. "Thukydides legende", *Hermes* 12, 1877, pp. 326-367=Kleine Schriften III, Berlin, 1969, pp. 1-40.

찾아보기

그리스어-한국어

고유명사

옮긴이의 말

학당 연구자들과 『메넥세노스』를 함께 읽은 것은 2003년도 겨울, 횡성 학당에서 열린 정례 집중 독회 때였다. 그때만 해도 『메넥세노스』는 그저 우리말 전집 발간 차원에서 언젠가는 읽어야 할 작품 정도였지 그렇게 관심을 끄는 대화편은 아니었다. 그때 함께 읽을 작품으로 『메넥세노스』를 택했던 것도 일주일 정도의 독회 기간에 적절한 분량이었기 때문이다. 실제로 함께 읽으면서도 딱히 철학적인 논쟁거리라고 할 만한 것도 없어 다소 실망스러웠던 데다가 소크라테스가 시종일관 그답지 않은 연설 기술을 구사하는 것에 약간의 당혹스러움마저 느꼈다. 그러나 독회를 마친 후 번역 초고를 다듬기 시작하면서 『메넥세노스』가 담고 있는 흥미로운 풍자들이 눈에 들어오기 시작했고, 주석과 해설을 준비하면서 최근 들어 『메넥세노스』가 플라톤 연구자들 사이에서 새롭게 조명을 받고 있다는 사실도 알게 되었다. 사실『메 넥세노스』는 우리뿐만 아니라 서구의 연구자들에게서도 오랫동 안 별다른 주목을 받지 못했던 대화편이다. 그러나『메넥세노스』 가 그 유명한 페리클레스의 추도 연설에 대한 대척점을 이루면 서 페리클레스의 제국주의적 정치철학에 대한 플라톤의 신랄한 풍자와 비판을 담고 있다는 점이 새롭게 인식됨에 따라, 오늘날 에는 플라톤의 대화편 중 매우 중요한 정치철학적 함축을 담은 대화편으로 받아들여지고 있다.

그러나 대화편 자체의 내용만 보면『메넥세노스』에 관한 논의 가 그러한 정치철학적 문제의식으로까지 확대될 수 있는지가 쉽 사리 드러나지 않을뿐더러, 아직도 학자들 사이에서 해석상 논 란이 될 만한 애매한 부분들이 상당 부분 포함되어 있는 게 사 실이다. 이 책에 다소 많은 분량의 작품 해설을 실은 것도『메넥 세노스』가 우리나라에 처음 소개되는 작품이기도 하지만 무엇보 다도『메넥세노스』자체가 갖고 있는 위와 같은 내용의 중층성과 복합성 때문이었다. 게다가 이 책은 플라톤 전집에 어울리지 않 게 부록으로 투퀴디데스의『역사』에 실린 페리클레스의 추도 연 설문을 싣고 있다. 최근 여러 논자들의 주장대로『메넥세노스』에 실린 소크라테스의 추도 연설이 페리클레스의 추도 연설의 대척 점이라면, 그 논의의 균형 있는 이해를 위해서 페리클레스의 추 도 연설도 함께 살펴보는 것이 필요하다고 여겼기 때문이다.

그렇게 하다 보니 본문보다 해설과 부록이 더 많은 분량을 차지하는 모양새가 되었다. 『메넥세노스』에 대한 보다 넓고 균형 있는 이해를 위해 그렇게 한 것이지만, 오히려 본문을 본문 그대로 읽고자 하는 독자들에게 미리 필요 이상의 정보를 드리는 것은 아닐까 염려스럽기도 하다. 그런 의미에서 작품 해설과 부록의 글보다는 우선 본문부터 찬찬히 읽어 보는 것이 바람직할 것이다.

이 책이 나오기까지도 많은 분들의 신세를 졌다. 함께 초고를 읽어 준 김인곤 선생님을 비롯해 학당 모든 연구자들, 어색하거나 그릇된 표현을 꼼꼼하게 살펴 다듬어 준 이제이북스 전응주 사장님과 편집부, 방송대 변우희 선생님에게 깊은 감사를 드린다. 학당이 사단법인으로 출범하는 새해에도 학당 연구자들과 더불어 묵묵히, 그리고 흔들림 없이 고전 연구에 매진할 것을 다짐한다.

2008년 1월 정암학당에서 이정호

추기: 2021년 가을 아카넷에서 이 책을 새로 출간하면서 그간 체크해 두었던 부적절한 표현 및 오타 등을 여러 곳 고쳤다. 이 과정에서 정암학당 연구원 이선주 박사가 『메넥세노스』를 연구하면서 꼼꼼하게 검토해 놓은 의견들을 알려 줘 수정에 큰 도움이 되었다. 그리고 아카넷 이하심 선생님은 교열 과정에서 내가

미처 발견하지 못한 오타와 잘못된 띄어쓰기 등을 정말 귀신같이 찾아 고쳐 주셨다. 두 분께 진심으로 감사를 드린다. 그러나 2008년 처음 역본을 펴낸 이후 2021년 지금까지 생산된 『메넥세노스』 관련 연구 성과물은 아쉽게도 최근에 나온 우리말 원전 역본 두 종과 눈에 띄는 외국 단행본 연구서 두 권 외에 따로 추가하지 못했다.

정암학당 플라톤 전집의 완간이 처음 계획보다 크게 늦어져 역자의 한 사람으로서 독자분들과 학당 후원회원님께 죄송한 마음 그지없다. 통일시대 철학 교육까지 내다보면 플라톤의 대화편만큼 도움이 될 만한 책도 드물 것이다. 시류에 흔들리지 않고 묵묵히 정진하는 정암학당 연구자들과 함께 다시 한 번 스스로를 되돌아보며 마음을 다진다.

spes et fortitudo—희망과 용기

부록

페리클레스 추도 연설

1. 해설

페리클레스(기원전 495~429)의 추도 연설은 투퀴디데스가 펠로폰네소스 전쟁사를 기록한 『역사(*THOUKYDIDOU HISTORIAI*)』 2권에 실려 있는 고전기 그리스 시대의 매우 유명한 연설이다. 아테네의 유명한 정치인이었던 페리클레스는 기원전 431년 겨울에 열린 전몰자를 위한 장례식전에서 이 연설을 했다고 기록되어 있다.

당시 아테네에서는 전몰자를 위한 장례 의식이 법률로 정해져 있었다. 페리클레스의 연설 앞부분에 나와 있는 것처럼 전몰자의 유골은 3일 동안 천막에 안치된 다음 각 종족별로 하나씩 마련된 삼나무 관에 넣어져 묘지까지 마차로 운구되는데 그 뒤를 유족과 친지들이 따르게 된다. 유족들은 운구 전에 고인들이 좋아하던 것을 영전에 바치고 친척 여인들은 곡을 한다. 고인들의 유골은 아테네 주변에서 가장 아름다운 곳에 마련된 국립묘지에 안장된다. 그러고 나면 시민들 중에서 뽑힌 식견이 높고 명망 있는 연설자가 연단에 올라 고인들을 위한 추도 연설을 하게 되는 것이다.

투퀴디데스는 페리클레스의 말을 그대로 옮긴 듯이 기록한 최초의 사람이다. 그러나 그 기록에 투퀴디데스 나름의 해석과 편집이 반영되어 있다는 것은 두말할 나위가 없다. 투퀴디데스 역시 실제 이루어진 연설들을 그대로 자신의 책에 옮겨 놓은 것은 아니라고 밝힌다. 연설에서 언급되었다고 알려진 핵심 사항들을 메모해 두었다가 연설 상황을 염두에 두고 자기 나름대로 기록한 것이다. 따라서 이 연설이 실제 페리클레스의 연설과 얼마나 일치하는지에 대해서는 학자들 사이에서도 이견이 많다. 이 연설은 펠로폰네소스 전쟁 첫해 겨울에 열린 장례식에서 행해진 것으로 보이지만 그렇다고 해서 단정할 수 있는 것은 아니다. 페리클레스는 기원전 439년 사모스 전쟁 희생자를 위한 장례식전에서도 연설한 적이 있다고 알려져 있기 때문이다. 투퀴디데스가 전하는 페리클레스의 연설에는 이 두 연설이 공통적으로 반영돼 있을 수도 있다는 것이다.

페리클레스의 추도 연설은 아테네 추도 연설의 기본 유형을 잘 보여 주고 있다는 점에서 중요하다. 추도 연설은 전몰자를 애도하고 그 유족들을 위로하며 동시에 아테네 전사들의 위업을 드러내 아테네의 위대함을 찬양함으로써 시민들로 하여금 애국심을 고취시키는 데 그 목적이 있었다. 그러나 동시에 추도 연설을 통해 당시의 아테네 사회는 물론 아테네의 여러 상황에 대한 연설자의 인식 역시 살펴볼 수 있어 학술적인 측면에서도 매우 중요한 의미를 갖고 있다. 사실 역사적 문헌 가운데 이 페리클레스의 추도 연설만큼 당대 사회의 정치적 현실과 이상을 명백히 드러내고 있는 글도 아마 찾아보기 힘들 것이다.

***

페리클레스의 연설은 전몰자를 위한 장례식을 국가 행사로 규정하고 있는 법률에 대해 칭송하는 것으로 시작한다. 그러면서 그는 훌륭하고 용감한 다수의 전사들에 대한 평가가 한 사람의 연설자에 의해 좌지우지되는 것에 대한 우려를 표명한다. 더욱이 고인에 대해서 잘 아는 사람은 연설에서 뭔가가 부족하다고 여길 것이고 고인을 잘 모르는 사람은 찬사가 지나치다고 느낄 수도 있다는 것이다.

그런 연후 페리클레스는 선조들의 위업을 언급하기 시작한다. 그런데 놀랍게도 그는 다른 추도 연설과 달리 이 부분을 아주 간략하게만 언급하고 바로 당대인들에 대한 찬양으로 넘어간다.

현재 영토의 대부분을 자신들이 확장하였으며, 전쟁 때나 평화기에나 나라가 가장 자족적인 상태에 있을 수 있도록 만반의 태세를 갖춰 온 것도 자신들이라는 것이다. 그런 데다 선조들의 위업은 모두가 이미 잘 알고 있으므로 길게 언급할 필요가 없다고 말한다. 게다가 추도 연설에서 으레 언급되는 신들에 대해서도 단 한마디도 이야기하지 않는다. 이것은 인간들의 일에 신들을 불러들이는 것은 그리스 역사가 호메로스적 전통의 잔재에서 자유롭지 못하기 때문이라고 여겼던 투퀴디데스의 관점을 보여 주는 것이기도 하다.

그런 연후 그는 바로 당대의 정치체제에 대한 찬양으로 들어간다. 우선 자신들의 정치체제는 타인들이 본받아야 할 모범이라고 이야기하며 소수가 아닌 다수에 의해 다스려지는 민주정임을 내세우고 그 민주정체하에서의 평등과 개방성을 찬양한다. 개인들 사이에 일어난 분규를 해결할 때에는 법률상 평등한 권리를 보장받으며, 공적인 직무에서는 계층이나 빈부가 아니라 각자가 가진 탁월성에 따라 지위를 부여받고, 사람들은 자유로운 일상생활을 영위하면서도 법률을 위반하는 일이 없는 것이다.

이른바 "법 앞의 평등"이라는 가치의 원초적 뿌리가 이곳에서 확인된다. 게다가 나라가 정신의 노고를 위로할 수 있는 휴식거리와 위락시설을 제공하고 모든 나라로부터 갖은 종류의 산물을 들여와 부족함이 없도록 한 일도 칭송된다.

그리고 그들 자신이 전략 지침과 대외정책에 있어서도 일관되게 개방적이라는 것 역시 자랑한다. 자신들은 장비나 계략이 아니라 임무에 대한 용기를 더욱 신뢰한다는 것이다. 페리클레스는 이러한 개방적 훈육이 강제적 훈육을 일삼는 스파르타에 비해 우수하다고 역설한다.

이어서 그는 아름다움을 사랑하되 검소함을 잃지 않고 앎을 사랑하되 유약하지 않은 생활 태도를 칭송하고 가난 자체가 부끄러운 것이 아니라 가난에서 벗어나려 하지 않는 것이 부끄러운 것이라고도 지적한다. 그리고 그들 자신은 늘 나라를 걱정하는 마음으로 세상사 현안 문제 해결을 위한 토론에 기꺼이 임하고 있다는 점과 행동에 앞서 사려를 중시하고 있다는 점도 찬양한다.

그리고 친구 사이에서도 늘 호의를 받기보다는 베풀고자 하며 이익에 대한 타산보다는 자유에 대한 믿음을 중시한다고 이야기한다.

그리하여 아테네 전체가 그리스의 학교이며, 그곳에서 사람들은 제각기 아주 다양한 형태의 삶을 펼쳐 가면서 매우 품위 있고 유연하며 자족적인 인간으로 배출된다고 주장한다. 그리고 이 나라의 권세가 그것이 진실임을 증거하고 있으며 그 위대함은 일시적인 기쁨을 안겨 주는 데 불과한 시가를 통한 찬양도 필요로 하지 않는 것이라 찬양된다. 그리고 호기 있게 그들 자신의 나라가 용기로써 모든 바다와 육지를 제압하고 길을 열어, 가는 곳마다 재앙과 축복의 영원한 기념비를 심어 놓았다고 선언한 후, 비로소 전몰자에 대한 찬양으로 돌아와 이 모든 놀라운 업적들이 이 자리에 묻힌 전몰자들의 희생 위에 세워진 것임을 역설한다. 그런 연후 남아 있는 사람들 모두도 이들을 본받아 나라를 위해 어떤 고난도 감내해야 할 것이라고 이야기한다.

그리고 전몰자들이 찬사를 받아야 하는 이유는 다른 무엇보다도 그들이 보여 준 남자다운 용기에 있음을 특별히 강조한다. 개인적인 능력이 어떠하든, 출전 전에 무엇을 했든, 부자였든 가난뱅이였든 상관없이, 그들은 용맹을 앞세워 모든 위험을 안았고, 굴복해서 살아남기보다는 찰나와 같은 운명의 호기를 통해 영광의 절정에서 목숨을 버렸다는 것이다. 이것이 살아남은 자가 마음에 두고 본받아야 할 것으로서 용기에 있어 그들보다 덜할 생각을 가져선 안 된다는 말이다. 즉, 전몰자들이 스스로 나라가 자신들의 덕을 빼앗아 갔다고 생각하지 않고 오히려 최선을 다해 나라에 헌신한 것이라고 생각하였듯이 살아 있는 자들도 나라를 위해 행동하고 나라를 "사랑"하는 사람이 되어야 한다고 역설한다. 이 부분은 그야말로 페리클레스적인 국가주의적 애국주의가 절정을 이루는 대목이다. 게다가 페리클레스는 이러한 용기 있는 사람들에게만 불후의 찬사와 유택이 있을 것이고 그들만이 진정한 행복을 누리게 될 것이라고 말한다. 행복과 용기가 하나라고 이야기하고 있는 이 부분 역시 페리클레스적인 덕목의 핵심이 얼마나 아테네에 대한 애국주의적 충정에 깊이 연관되어 있는지를 여실히 보여 준다. 곧 전쟁에 나가 목숨을 초개와 같이 버릴 수 있는 용기가 진정한 행복이라는 것이다. 페리클레스에 따르면 비굴하게 사는 것보다 더 큰 고통은 없기 때문이다.

전몰자를 찬양하고 살아 있는 자들에게 권면하고 나서야 비로소 그는 유족들을 위로하고 격려한다. 격려의 핵심 역시 전몰자들이 고귀한 최후라는 행운을 얻은 것처럼 슬픔을 감내하고 승화하여 고귀한 슬픔이라는 행운을 얻으라는 것이다. 그리고 자식들이 남긴 명성에 긍지를 갖고 다른 자식들이 태어나길 소망하면서 명예를 사랑하고 존경받으며 사는 것이 곧 기쁨임을 강조한다.

흥미롭게도 이 연설은 유족들에게 전몰자에 못지 않은 칭송을 받을 수 있도록 경쟁하라고 요구하고, 과부가 된 여성에게는 그들 자신의 덕에 대한 소문이 남자들 사이에서 적게 나는 것이 명예로운 일이라고 언급하며, 유족에 대한 국가의 역할을 언급하는 것으로 끝난다.

***

투퀴디데스의 그리스어 문장은 난해하기로 익히 소문이 나 있다. 수많은 수사학적인 장치와 안티테제, 파격적인 구문, 생략과

도치, 축약이 허다하고 문체 또한 복잡하고 미묘하다. 그러므로 투퀴디데스의 번역은 역자마다 차이가 많고 서로 다른 덧말이 많이 들어간다. 다양한 역본들을 비교해 보면, 특히 시중에 나와 있는 중역본과 원전 번역을 비교해 보면, 그 차이가 얼마나 큰지 실감할 수 있을 것이다.

페리클레스의 연설과 링컨의 게티즈버그 연설을 비교하면 페리클레스의 추도 연설이 링컨의 연설에 얼마나 많은 영향을 미쳤는지 여실히 확인할 수 있다. 링컨의 연설 역시 페리클레스의 연설과 마찬가지로 선조들의 업적을 열거하는 것에서부터 시작한다. 그리고 페리클레스가 그렇듯 나라의 정체인 민주주의가 갖는 독창성이 칭송되고, 전몰자를 칭송할 때 연설자가 직면하는 어려움 또한 토로된다. 또 전몰자를 본받아 그들에 필적할 만한 업적을 이루도록 권하는 것도 비슷하다.

그러나 페리클레스의 추도 연설이 중요한 이유는 무엇보다도 그의 연설이 페리클레스 자신은 물론, 당시 아테네 사회에 대한 아테네인 스스로의 자기 규정 내지 현실 인식을 담고 있다는 점이다. 앞에서 살펴보았듯이 페리클레스의 연설은 분명 아테네야말로 시민들 각자가 지향해야 할 최고의 가치이자 자산이며 그들이 목숨을 바쳐 헌신해야 할 가장 숭고한 대상임을 일깨워 주려는 데 그 주목적이 있었다. 페리클레스에 의하면 어떤 시민이건 도시국가적 공동생활에 참여함으로써 누리는 선보다도 더 높은 차원의 선을 누릴 수는 없다. 시민생활을 통하여 누리는 고귀한 사회적 인간관계를 갖지 못하게 된다면 개인이 속한 가문과 개인이 소유하고 있는 재산 또한 아무런 소용이 없다. 결국 페리클레스에 의하면 아테네라는 국가는 사회의 어떤 부분, 어떤 집단보다도 상위에 위치하여 이들에게 그 의미와 가치를 부여하는 것이다. 가족이든 친구든 재산이든 이러한 모든 것들은 모두 국가 전체의 이익과 관련한 활동 속에서 한 부분을 이루면서 도시국가의 최고선과 불가분의 관계를 맺고 있을 때라야만 제대로 향유될 수 있는 것들인 것이다. 요컨대 페리클레스가 요구하는 시민생활이란 곧 도시국가에 의존하는 삶이며 그러한 한, 도시국가의 법은 오늘날과 같이 개인의 권리와 이익을 보호하는 법률적 구조라기보다는 그들의 도시국가적 삶을 영위하는 하나의 생활양식인 것이다. 즉 도시국가는 바로 일상생활 자체였던 것이다.[1] 그러나 민주정체하에서의 이러한 아테네의 도시국가적 삶의 방식은 페리클레스를 통해 제국주의적 패권주의로 표출됨으로써 대내적으로는 민주정, 대외적으로는 제국주의라는 양면적 성격을 성립시키기에 이른다.

이렇게 본다면 페리클레스의 추도 연설에서 강조되는 제국 아

1 G. H. Sabine, *A History of Political Theory*, 3rd ed. revised and enlarged, George G. Harrap & Co. Ltd., 1951(1st ed. 1937) pp. 24–30.(성유보, 차남희 역, 『정치사상사 1』, 한길사, pp. 51–61)

테네에 대한 찬양이라든지, 제국 시민으로서의 스스로에 대한 자부심과 그들이 택한 민주주의적 정치제도에 대한 언급은 모두 이러한 도시국가적 삶의 틀 안에서 규정되는 시민들 자신의 자세와 역할에 대한 아테네인 스스로의 자기인식을 드러내는 것이라 할 것이다. 이런 점에서 페리클레스의 추도 연설은 고대사회의 추도 연설로서의 그것이 갖는 수사학적 형식의 측면에서뿐만 아니라 그 내용에서도 오늘날 서구 민주주의의 정신적 근원을 연구하는 데 있어서나 고대 그리스 사회, 특히 아테네의 제국주의적 성격을 규명하는 데 매우 중요한 역사적 문서이자 철학적인 전거이기도 한 것이다.

그러나 문제는 페리클레스의 추도 연설에 나타난 그 자신의 패권주의적 애국주의적 정치적 이상은 그의 사후에 전개된 펠로폰네소스 전쟁에서의 패배 이후 그의 생각과는 점차 동떨어진 모습으로 전개되었고, 급기야 플라톤에 이르면, 아테네 및 그리스 사회에 대한 그러한 페리클레스적 인식이 갖는 근본 한계가 그리스의 전체적인 정신사 일반의 측면에서 신랄하게 비판되기에 이른다. 그 한계점이 곧 소크라테스와 페리클레스가 대치해 있는 지점이자 『메넥세노스』의 출발점이라 할 것이다.

2. 본문과 주석[2]

34

같은 해[3] 겨울에 아테네인은 선조들의 관습을 좇아[4] 이번 전쟁 최초의 전몰자들에 대한 장례식(taphē)을 국비를 가지고 (dēmosiai) 치렀는데 그 방식은 다음과 같다. |2| 전몰자의 유골

---

2 투퀴디데스 『역사』 2권 34~46. 인용 부분을 표시할 때, 예를 들어 투퀴디데스의 『역사』 2권 34절 3번째 줄에서 인용했을 경우 '투퀴디데스 『역사』 2.34.3' 으로 표기한다.

한편 여기에서는 투퀴디데스의 문장상의 특징을 고려해서 『메넥세노스』와 달리 필요에 따라 본문에서도 그리스어를 병기하고, 가독성을 위해 보충어를 덧붙인 부분은 [ ]를 넣어 따로 표시하였다.

페리클레스의 추도 연설에 대한 대표적인 연구서로는 J. Kakridis, *Der Thukydideische Epitaphios*, Munich, 1961; H. Flaashar, 'Der Epitaphios des Perikles', *Sitzungsberichte der. Heidelberg. Akad. Wiss.* 1969; R. Osborne, 'The Viewing and Obscuring of the Parthenon Frieze', *Journal of Hellenic Studies* 107, 1987.

투퀴디데스 원문의 세세한 문법 설명은 다음의 책을 참조할 것. J.S. Rusten ed. *Thucydides: The Peloponnesian War.* Book II. Cambridge University Press. 1989; Simon Hornblower, *A Commentary on Thucydides*, Vol. 1., Books I~III, Clarendon Press, Oxford. 1996.

3 기원전 431년.

4 전몰자를 위한 추도식이 법률로 정해진 시기와 관련해서 일부 학자들은 솔론에게까지 거슬러 올라가기도 하지만, 일부 학자들 특히 야코비 같은 사람은 페르시아 전쟁 후 드라베스코스 전투가 일어난 기원전 464년 이후에 도입된 것이라고 주장한다(Jacoby i. 100. 3n).

은 설치된 천막에 3일간[5] 안치된다. 그리고 [친족들은] 각자 자기가 바치고 싶은 것을 가져다 전몰자에게 바친다. |3| 운구가 이루어지는 날에는, 삼나무(kyparissinos) 관(larnax)을 마차(amaxa)에 실어 끌고 가는데, 관은 각 부족마다[6] 한 개씩이다. 그 안에 각 부족별로 전몰자의 유골이 넣어져 있다. [운구 행렬 중에는] 빈 관가(棺架: klinē) 하나가 운구되는데 그것은 사체가 발견되지 않아 수습되지 못한 채 행방불명된 전몰자들을 위한 것이다. |4| 시민이든 외국인이든 원하는 사람들은 누구나 운구 행렬에 참여하며, 가까운 친척 아낙네들은 장례식에 나와 곡을 한다.[7] |5| 그리하여 관은 국립묘지에 모셔진다. 이 묘지는 이 도시 근교 가장 아름다운 곳에[8] 자리해 있고, 전쟁에서 목숨을 바친 이들은 늘 여기에 모셔진다(thaptō). 다만, 마라톤[전투]에서 목숨을 잃은 분들만은 예외였다.[9] 그들의 위업(aretē)은 각별히 뛰어나다고 판단해 [마라톤] 그곳을 장지로 삼았기 때문이다. |6|

---

5 장례 이틀 전(ante diem tertium)부터 장례 당일을 포함해 3일이란 뜻이다 .
6 클레이스테네스에 의해 구분된 10부족을 말한다.
7 소포클레스의 Antigonē에서 볼 수 있듯이 곡은 여인네들이 하도록 정해져 있었고 추도식전을 소란스럽게 할 정도의 곡은 법으로 금지되었다.
8 아테네 근교 케라메이코스(Kerameikos).
9 살라미스 전투와 플라타이아 전투의 희생자들도 전투가 벌어진 지역 근처에 매장되었다는 점을 고려하면 이 부분의 언급은 부정확하다. 예외를 모두 열거하는 것 이전에 마라톤 전투의 특별함을 드러내고자 함이었을 것이다.

[전몰자들의 유골을] 흙으로 덮고 나면, 식견에 있어 부족함이 없고 평판에 있어서도 걸맞고 여겨지는 인물이 나라에서 선발되어 전몰자들에 합당한 찬양 연설을 하게 된다. 그리고 이 연설이 끝나고 나면 사람들 모두가 자리를 뜨는 것이다. |7| 이러한 방식으로 장례가 이루어진다. 이 전쟁 내내 이런 일이 생길 때마다 그들은 이 관습에 의거하고 있다.|8| 그런데 이 최초의 전몰자들을 위해서는 크산티포스의 아들 페리클레스가 연설자로서 선발되었다. [연설할] 때가 되자 그는 묘지에서 나와, 최대한 많은 청중들이 [연설을 잘] 들을 수 있도록 높게 만들어진 단상으로 나아갔다. 그는 다음과 같이 말했다.

35

"지금까지 이 자리에서 연설한 사람들 중 많은 사람들은 이 연설을 관습에 덧붙인(prosthenta) 인물을[10] 칭찬해 왔습니다. 전쟁에서 목숨을 잃고 [이곳에] 묻힌 사람들을 위해 연설이 행해지는 것은 아름다운 일(kalon)이기 때문일 것입니다. 그러나 제가 생각해 온 바로는, 행위로 용기를 보여 주신 분들의 경우는 그 명

---

10 B. Jowett는 이 인물이 솔론이라고 말하고 있지만 추도식에서 연설을 시행한 시기와 관련해서 논란이 많으므로 확정적으로 말하기는 힘들다[S. Hornblowers(1991) pp. 292, 296 참조].

예 또한 [장례라는] 행위로써(ergō)[11] 선양되는 것(dēlousthai)이 지당할 것입니다(arkoun). 그것은 국비로 치러지는 이 장례식에서 여러분들이 지금 목도하시는 바와 같습니다. 아울러 많은 분들의 용맹함에 대한 우리의 믿음은 단지 연설자 한 사람이 연설을 잘하느냐 못하느냐에(eu te kai cheiron eiponti) 따라 [좌우]되어서는 안 된다고 생각합니다. |2| 사실 제가 드리는 말씀이 여러분들이 진실이라고 생각하는 것과 일치할 것이라는 보장이 거의 없는 경우에, [연설자로서는] 적절하게 말하기가 힘듭니다.[12] 왜냐하면 연설을 듣고 있는 사람(akroatēs)이 [고인과] 친분이 있고(ksyneidos) 호의를 갖고 있을 경우 그 자신이 [연설에서] 바라고 있는 것이 있는 데다가 무엇을 어떻게 찬양해야 하는지도 익히 알고 있는 터라, 내 연설에 대해 뭔가 부족한 것이 있다고 여기실 것이고, 또 반대로 [고인을] 모르는 분이라면 자신의 타고난 됨됨이(physis) 이상의 찬사를 듣게 될 경우 질투가 나서(dia phthonon) [제 연설이] 과장된 것이라고 생각하실 것이기 때문입니다. 다시 말해, 다른 사람들에 대한 찬사를 들을 때, 청중들은

11 행위(ergon)와 연설(logos)의 대비는 『메넥세노스』의 소크라테스 연설에서도 똑같이 나타난다. 행위를 추도의례의 의미로 사용하고 있는 것도 같다(A. Parry, *Logos and Ergon in Thucydides*, New York, 1981 참조).

12 chalepon gar to metriōs eipein en hō molis kai hē dokēsis tēs alētheias bebaioutai. '왜냐하면 진실에 대한 일반적인 평가가 확립되기 어려울 경우에는 연설자가 적절한 연설을 하기가 어렵기 때문입니다'라고 옮길 수도 있다.

들은 것들 중에서 자기도 뭔가 충분히 할 수 있는 게 있다고 생각하는 한에서만 그 찬사를 참고 듣는 것이지, 그 정도를 넘어서면 이미 질투가 일어나 찬사를 믿으려 하지 않는 것입니다. |3| 그러나 선조들께서 이 관습을 아름다운 것으로 여기셨으므로, 저 또한 이 관습에 따라 여러분들께서 각기 바라고 생각하고 있는 바에 부응할 수 있도록 최선의 노력을 다해야 할 것입니다.

36

그러면 우선 선조들에 대한 것에서부터 시작하고자 합니다. 이러한 자리에서 그들을 추모하고 그들에게 명예를 부여하는 것은 정의롭고 합당한 일이기 때문입니다. 왜냐하면 그분들은 이 땅(chora)에서 같은 [종족]으로서 줄곧 자자손손 대를 이어 살아오면서 그들의 용맹을 통해 오늘에 이르기까지 이 땅을 자유로운 땅으로 물려주었기 때문입니다. |2| 그러므로 그분들은 찬사를 받을 만합니다. 그리고 우리들의 부친들은[13] 더욱 찬사를 받을 만합니다. 그들은 물려받은 것에다가 [영토를] 보태 우리 소유의 제국에 편입시켰고 온갖 고초를 이겨 가며 그것을 오늘의 우리들에게 남겨 주셨기 때문입니다. |3| 그렇지만 영토의 대부분은 현재 거의 전성기에 있는 우리들 자신이 확장한 것이며,

---

13 앞의 선조들(progonōn)과 비교하여 바로 앞의 세대를 가리킴.

우리들은 이 나라가 전시(戰時)에나 평화기에나 가장 자족적인 상태에 있을 수 있도록 만반의 태세를 갖춰 왔습니다(tois pasi paraskeuasamen).|4| 저는 전쟁에서 그러한 각각의 것들을 획득하는 데 있어 그들이 이룩한 업적(ergon)에 대해서, 혹은 우리들과 우리들의 부친들이 어떻게 온 힘을 다해 이민족 사람들과 그리스 사람들의 침략을 격퇴했는지에 대해 그것을 잘 알고 있는 사람들 앞에서까지 굳이 길게 논하고 싶지는 않기 때문에 그냥 넘어가기로 하겠습니다. 그러나 어떠한 훈련(epitēdeusis)을 통해 그와 같은 상태에 도달했는지, 또 어떠한 정치체제와 어떤 [생활] 방식을 통해[14] 이렇게도 위대하게 되었는지를 우선 밝히고, 그런 연후에 그분들을 위한 찬사를 올릴까 합니다. 지금 이 자리에서는 이러한 이야기가 매우 적합하고, [또 여기 모인] 시민들과 외국인들, [다른] 모든 참석자들에게도 듣는 게 유익할 것이라고 생각하기 때문입니다.

---

14 어떠한 정치체제와 어떤 [생활]방식에 의해. meth' hoias politeias kai tropōn. 전체로서의 아테네의 정치체제와 개인들 차원에서의 삶의 방식을 의미한다. 바로 앞에서 '훈련'으로 번역한 epitēdeusis는 이 둘을 모두 포괄하는 지침일 수도 있다는 측면에서 Jowett와 Gomme는 그것을 '원칙들(principles)'로 번역하고 있다. S. Hornblowers(1991) p. 298 참조.

37

우리들은 이웃 나라의 어떤 법제도 부러울 것이 없는 정치체제를 갖고 있습니다. 오히려 우리들 자신은 타인을 흉내 내는 사람들이 본받아야 할 모범(paradeigma)이 되어 있는 것입니다. 그리고 소수가 아닌 다수에 의해서 다스려지고 있기(oikein) 때문에 이름 또한 민주정체로 불리고 있습니다. 개인 간의 분규(ta idia diaphora)와 관련해서는 법률상 모두에게 평등(pasi to ison)이[라는 권리가] 주어지지만, 공적인 직무(ta koina)의 경우, 각자가 모든 면에서 값어치 있는 일로 얼마나 남다른 평가를 얻느냐에 따라, 다시 말해 순번에 의해서가 아니라[15] 탁월성에 따라 지위가 부여됩니다(protimatai). 또 나라를 위해 뭔가 훌륭한 일을 할 만한 사람이, 가난 때문에 자격에 미달되어 제약을 받는 일도 없습

---

15 아테네 민주정하에서의 공적인 직무 모두가 일반 시민들을 대상으로 순전히 추첨에 의해 순번제로 이루어지지는 않았음을 보여 주는 문장이다. 일반적인 행정적인 직무들은 빈부에 상관없이 추첨과 순번에 따라 수행되었지만, 중요한 공적 직무는 여전히 능력을 갖춘 엘리트를 대상으로 선거를 통해 이루어졌음을 보여 준다. 그래서 Macleod 같은 사람은 '아테네 민주주의가 작동할 수 있었던 것은 실제로 페리클레스가 왕으로 있었기 때문이다'라고도 말하고 있다(C. Macleod, *Collected Essays*, Oxford 1983, p. 149). 그래서일까. 이와 관련하여 『메넥세노스』에서 소크라테스는 흥미롭게도 이런 아테네 민주정을 '대중의 찬성이 수반된 최선자 정체'로 고쳐 부르고 있다(238d). '순번에 의해'(apo merous)를 '자기가 속한 계층에 기초해서'로 해석하는 사람도 있다 (M. Pope. 'Thucydides and Democracy' *Historia*, 37, 1988).

니다. |2| 그리고 우리들은 공적인 직무와 관련하여 시민적 자유를 누리고 있으며, 마찬가지로 일상생활 속에서도 자유롭게 지냅니다. 우리는 서로를 시기 어린 눈으로 바라보지 않으며, 이웃이 자기 멋대로 어떤 행동을 했다 해서 화를 내지도 않습니다. 또 기분 나쁜 얼굴을 하지도 않고, 비록 [실질적인] 해를 끼치는 것이 아니라 보기에만 [상대방에게] 불쾌감을 주는 일[이라 할지라도 그 같은 일]조차 하지 않습니다. |3| 또한 사적인 사교 생활에서는 상대방의 마음을 상하지 않게 [배려]하는 한편, 공적인 사회생활에서는 매우 경외하는 마음이 있어(dia deos) 법률을 위반하지 않으며, 늘 관리와 법률에 귀 기울여 복종하고, 특히 부당한 일을 당한 사람들을 구하기 위한 법률이나, 씌어 있지는 않아도 [어길 경우] 공공연하게 수치를 안겨 줄 불문법[16]까지도 따르는 것입니다.

38

게다가 우리들은 정신을 위해(tēi gnomēi) 노고에 대한 휴식거

---

16 cf. Sophocles, Antigone, 454 agrapta … nomima. 그리스 불문법과 관련해서는 M. Ostwald, 'Was there a concept agraphos nomos in classical Greece?', E.N. Lee, A.P.D. Mourelatos & R. M. Rorty (eds.) *Exegesis and Argument; Studies in Greek Philosophy*(presented to Gregory Vlastos), *Phronesis* Suppl. Volume, 1973.

리 또한 많이 제공해 왔습니다. 우리들은 일년 내내 경연대회와 희생제전을 개최하고 있고,[17] 사적 용도의 멋진 시설도 갖추어 그것을 날마다 즐기며 슬픔을 쫓아 버립니다. |2| 또 우리나라는 [규모가] 큰 나라인지라 지상 모든 곳에서(ek pasēs gēs) 온갖 것들이 들어오는 까닭에 우리들로서는 다른 나라 사람들이 수확한 것이나 우리나라에서 산출된 것이나 어느 것이 특별히 더 입에 맞는다고 할 게 없습니다.

39

또 우리들은 전략 지침에 있어서도(tōn polemikōn meletais) 이런 점에서 적들과 다릅니다. 우리들은 나라를 공개적으로 드러내 놓고 있고, 한시라도 외국인이라는 이유로 배척하는 일이 없으며 [우리의 나라를] 알고자 하거나 살펴보려고 하는 사람이 있으면 누구라도 막지 않습니다. 숨기는 것이 없어 적들 중 누군가가 본다면 [그들이] 유리해질 수도 있겠지만, 우리들은 장비나 계략이 아니라, 우리 자신으로부터 나오는 임무(ta erga)에 대한 용기(eupsuchos)를 더욱 신뢰하는 것입니다. 훈육에 있어서도 그들은 어렸을 적부터 고된 훈련을 통해 남자다운 용기(to

---

17 페리클레스 연설에서 종교 관련 언급 부분으로서 유일한 곳. 『메넥세노스』의 소크라테스의 연설과 달리 페리클레스 연설에서는 신들에 관한 언급은 전혀 없다.

andreion)를 연마하는 데(askeō) 반해, 우리들은 비록 편하게 지낼지라도,[18] 대등한 수준의 위험 상황에 처했을 경우 결코 그들에게 밀려 뒤지는 일이 없습니다. |2| 그 증거가 여기 있습니다. 스파르타 사람들은 그들 자신들만의 힘이 아니라 모두와 함께 우리들의 국토로 쳐들어오지만, 우리들은 우리들[의 힘]만으로 이웃 나라의 땅을 공격하고, 자기들의 재산을 지키려는 적들에 대적해 적진에서 싸우는데도 대부분의 경우 어렵지 않게 승리를 거둡니다. |3| 또 어떠한 적도 우리들의 군사력 전체와 맞닥뜨린 적은 없습니다. 우리들은 [육군뿐 아니라] 동시에 해군에도 신경을 쓰는가 하면, [육군도] 여러 지역에 우리들[의 병력]을 파견해 놓고 있기 때문입니다. 그런데 그들은 우리 군대 일부와 맞부딪쳐 뭔가 조금만 이겨도 우리 군대 전체를 무찔렀다고 자랑하고, 졌을 경우에는 우리들의 군대 전체[병력]에 졌다고 말합니다. |4| 나아가 만약 우리들이 고된 훈련이 아니라 알아서 하는 태도로(rhaithymiai), 또 법률[에 의한 강제]이 아니라 [평소의] 용감한 생활방식으로 기꺼이 위험을 감내하고자 한다면, 우리들로선 다가올 고난 때문에 미리부터 고생할 것도 없고, 설사 그 같은 상황에 처한다 해도 늘 고된 훈련에 시달린 사람들보다는 훨

---

18 이 부분은 다소 앞뒤가 맞지 않다. 투퀴디데스와 페리클레스는 이미 1권 142에서 해전을 치르기 위해서 얼마나 오랜 동안의 훈련이 요구되는 것인지를 밝히고 있기 때문이다.

씬 더 용감함을 보여 줄 수 있을 것입니다. 그런 점에서도 우리
가 그들보다 우수한 것입니다. 하지만 우리나라에 경탄할 만한
점이 이것만 있는 것은 아닙니다. 그 밖에 또 있습니다.

40

우리들은 아름다움을 사랑하되 검소함(euteleia)과 함께하고
앎을 사랑하되 유약(malakia)하지 않습니다. 또 부는 떠들어 대
며 자랑하기보다 적절한 행동을 위한 수단[19]으로 삼습니다. 가
난하게 사는 것은 부끄러운 일이 아니지만, 가난을 벗어나려고
행동하지 않는 것은 부끄러운 일입니다. |2| 그리고 [우리에게
는] 한 사람 안에 자기 일뿐만 아니라 나랏일을 배려하는 마음
(epimeleia)이 함께 있어, 설사 제 일에만 매달리는 사람일지라
도 나랏일을 이해하는 데 부족함이 없습니다. 사실 나랏일에 참
여하지 않는 사람을 [그저] 세상 문제에 무관심한 사람[정도로
여기는 것]이 아니라 [아예] 쓸모없는 사람으로 여기는 것은 우
리밖에는 없습니다.[20] 그리하여 우리들은 그런 세상사 현안들(ta

---

19 무엇인가 중요하고 결정적인 순간(kairos)에 사용하기 위한 수단으로 삼는다
   는 의미.
20 공식적이든 비공식적이든 공공문제에 대한 토론은 아테네 시민생활의 주요
   한 즐거움과 관심사의 하나였다. 아테네의 가내 공업 특히 도자기 및 무기제
   조공업은 당시 그리스 세계에서 첨단을 걸었지만 공인들까지도 공공문제, 즉
   국사에 짬을 내지 못하는 생활을 배격하였다. 그러나 이러한 낙관론은 정치

pragmata)을 직접 판단하거나 또는 제대로 [된 방식으로] 논의에 붙입니다(euthymoumetha).[21] 우리들은 토론(logos)이 행동을 방해하는 장애물이라고 여기지 않으며, 오히려 해야 할 일을 행동으로 옮기기 전에 미리 토론을 통해 가르침을 끌어 낼 수 없는 것(mē prodidachthēnai)이야말로 장애물이라고 여기기 때문입니다. |3| 우리들은 이런 점에서도 특별합니다. 왜냐하면 같은 사람이 가장 담대하기도 함과 동시에 일을 도모함에 있어서는(peri hōn epicheirēsomen) 생각 또한 아주 깊기(eklogizesthai) 때문입니다. 반대로 그들(적들)에겐 무지가 만용(thrasos)을 불러일으키고 사려(logismos)는 겁쟁이를 만듭니다. 그러나 두려운 일과 기쁜 일(ta deina kai hēdea)을 아주 명확하게 분별해 낼 줄 알고 그러한 이해를 토대로 위험에서 물러서지 않는 사람이야말로 가장 강한 영혼을 지닌 사람으로 판정되는 것이 마땅하다 할 것입니다. |4| 그리고 덕에 있어서도 우리들은 많은 사람들과 정반대

적, 사회적 문제에 대한 지적 판단을 위해 엄격한 훈련과 고도의 전문지식을 불필요하다고 전제하고 있다는 점에서, 그리고 실제의 역사적 전개를 통해 펠로폰네소스 전쟁의 패배와 정치적 혼란으로 귀결됨으로써 플라톤의 비판에 직면하게 된다[G. H. Sabine(1951) p. 26. (성유보, 차남희 역, 『정치사상사』, 한길사, pp. 54-55)].

21 이 부분을 앞의 37.2의 내용과 연관시켜 보면 결국 공적인 주요 정책과 관련하여 소수 엘리트가 정책을 입안하고 다수 시민들이 그것의 타당성 내지 수용 여부를 토론을 통해 판단하는 형식이 될 것이다. S. Hornblowers(1991) pp. 305-306 참조.

입니다. 우리들은 호의를 받기보다는 반대로 호의를 베풀어 친구들을 얻습니다. 은혜(charis)를 베푸는 사람은 상대방이 자신에게 빚을 지고 있다는 생각을 호의를 통해 계속 유지하려고 하기 때문에 더욱더 신뢰받는 친구가 됩니다. 그러나 반대로, 은혜를 입은 사람은 보은을 할 때도 그 보은이 은혜로서가 아니라 당연한 도리로서 되갚는 것임을 알고 있기 때문에 신경을 덜 쓰게 되는 것입니다(ambluteros). 또 우리들만이 이익에 대한 타산(logismos)에 기대지 않고 오히려 자유에 대한 믿음(pistis)으로써 어떠한 두려움도 없이(adeōs) 사람들을 도우려고 합니다.[22]

41

요약해서 말하자면,[23] 우리나라 전체가 그리스의 학교[24]이며,

---

22 이 부분에서 나타나는 adeōs는 플라톤의 용기에 대한 정의를 환기시킨다. 이 문맥은 얼핏 생각하면 플라톤적 사유와 일맥상통하고 있는 것처럼 보인다. 그러나 용어 사용의 측면에서만 보면 오히려 반대이다. 투퀴디데스는 타산(logismos)보다 믿음(pistis)을 강조하나 플라톤적 용어 사용법에서 보면 logismos가 오히려 수학적인 정확성을 함축하는 말로 쓰이고 pistis는 억견(doxa)과 연관하여 쓰인다.

23 이 말은 다소 어색하다. 왜냐하면 이어지는 뒷부분은 앞의 말에 대한 요약이 아니라 또 하나의 새로운 내용이기 때문이다.

24 37.1에서 이미 아테네는 본받아야 할 모범(paradeigma)으로 제시되고 있다. 이와 관련하여 플라톤은 『프로타고라스』 337d에서 아테네를 지혜의 법정(prytaneion)으로 부르고 있다.

내 생각에 우리들은 [그곳에서] 제각기 아주 다양한 형태의 삶을 펼쳐 가면서 매우 품위 있고 유연하며(eutrapelos) 자족적인 인간으로 [길러져 사회로] 배출될 것입니다.[25] |2| 그리고 이것이 그저 이 자리에서 막 떠들어대는 말이 아니라 실제 행동[26]으로 이루어 낸 진실(alētheia)이라는 것은 위와 같은 [생활]방식들을 통해 우리가 획득한 이 나라의 권세(dynamis)가 바로 증명해 주고 있습니다. |3| 현존하는 [나라] 중에서 소문보다 더 강하다는 것이 판명된 나라는 우리나라밖에 없습니다. 그리고 공격해 오는 적에게 한을 품게 하지 않으며, 또 예속당하는 자들에게 자격 없는 사람들에 의해 지배당하고 있다는 불만을 안겨 주지 않는 경우 또한 우리들밖에 없습니다. |4| 우리들의 권세에 대해서는 큰 증거들이 있는 데다가 분명 증인들 또한 있을 것이므로, 오늘날의 사람들에게나 후세 사람들에게나 우리들은 놀라움의 대상이 될 것입니다. 그리고 우리들은 찬가를 부르는 호메로스도 또 시가를 지어 일시적인 기쁨을 안겨 주는 시인들도 필요로 하지 않습니다. 위업에 대한 진상은 오히려 그러한 가식을 거부하고 있습니다. 오히려 우리들은 우리들의 용기로써 모든 바다와 육지를 제압하고 길을 열어, 가는 곳마다 재앙과 축복의 영원한 기념비

---

25 플라톤의 『국가』 563, 헤로도토스 『역사』 1권 32의 생각과 일맥상통한다는 점에서 아테네 사람들의 이상적 인생관을 반영한다.
26 이곳에도 35.1에서처럼 말(logos)과 실제 행동(ergon)의 대비가 나타나 있다.

(mnēmeia)를 심어 놓았던 것입니다.[27] |5| 그리하여 이분들은 그와 같은 나라가 침탈당하지 않도록 당연히 해야 할 도리로써 고귀하게 맞서 싸우다 목숨을 잃게 된 것입니다. 그러므로 우리 남아 있는 사람들도 모두 마땅히 떨쳐 일어나 이 나라를 위해 어떤 고난도 감내해야 할 것입니다.

42

제가 우리나라의 [위대함]에 대해 길게 말해 온 까닭은 위와 같은 이유 때문이며, 또한 이러한 자질을 갖춘 우리들과 그렇지 못한 사람들과는 싸움에서 이루고자 하는 바가 같지 않다는 것을 가르쳐 드리고자 함입니다. 그리고 동시에 제가 지금 말하고 있는 사람들[28]에 대한 찬사가 [진실임을] 증거를 통해 명백히 밝혀 두고자 함입니다. |2| 이 찬사의 가장 중요한 부분은 이미 말씀드렸습니다. 우리나라에 대해 제가 찬미해 온 것들은 이분들이나 그분들 같은 이들이 장식한 것이며(ekosmēsan), 그리스인들 중에서 이분들만큼 그 행위와 찬사(ho logos tōn ergōn)가 서

---

27 좁게 사적인 관계 속에서만 보면 친구들에게 축복(도움, 이로움)을, 적에게 해(재앙)를 주는 것이 당연하다는 그리스의 전통적 가치관을 반영하고 있으나, 넓게 제국주의적 침탈이라는 국제관계 속에서 보면 그야말로 전형적인 페리클레스다운 패권주의적 세계관을 적나라하게 보여 주는 문맥이라고 할 것이다.

28 36.4에서 언급된 내용 참조.

로 어울려 보이는 이들은 많지 않을 것입니다.[29] 제가 생각하기에 지금 이 자리에 있는 이분들의 죽음은, [그분들이] 처음으로 드러낸 것이건 최후의 확증으로 보여 준 것이건 간에 남자다운 용기(andros aretēn)가 무엇인지를 분명하게 보여 주고 있습니다. |3| 사실 [이분들 중에는] 다른 일에 있어서는 능력이 떨어지는 분들도 [있을 테지만], 조국을 위한 전쟁에서 [그분들이 발휘한] 용기만은 그 무엇보다도 우선[적으로 칭송]되어야 마땅할 것입니다. 그들은 선한 일로 악행을 지워 없앰으로써(aphanisantes) 사사로운 일 때문에 [선한 일을] 못 했던 것 이상으로[30] 공공[의 선]을 위해 헌신했던 것입니다. |4| 이분들 중 아직 누구도 [자기가 누렸던] 부에 대한 즐거움에 매달려 겁쟁이가 되는 일이 없었고, 또 그 어떤 가난한 사람도 도망을 가기만 하면 자기가 부유하게 될 수 있을 것이라는 희망 때문에 두려움을 회피하지 않았습니다. 오히려 그들은 적에 대한 응징을 갈망함과 동시에 위험한 일들 가운데에서도 그것이야말로 자기가 취할 가장 훌륭한 것이라 생각하였던 것입니다. 그래서 그들은 그 위험을 안은 채(met' autou) 적을 응징하기로 결의하고 [아예 다른 일은 기꺼

---

29 이곳에도 logos와 ergon의 대비가 나타나 있다. ho logos tōn ergōn을 직역하면 '행위들에 대한 찬사', 즉 '그들이 이룬 업적들과 그것들에 대한 찬양의 말'이 그 사람들에게서 균형을 이루고 있다는 것을 의미한다.

30 못했던(eblapsan) 것 이상으로. '못했던 것을 상쇄하고 남을 정도로.'

이] 내팽개쳤던 것입니다. 그리고 그 불확실한 성공[의 가능성]은 희망에 맡겨졌지만, 이미 눈앞에 벌어진 사태와 관련한 행위에 있어서는 그들 자신이야말로 적임자라는 생각에 충일해 있었습니다(pepoithenai). 그리고 그들은 맞서 싸우고 감내하는 것이 굴복해서 살아남는 것에 앞서는 일이라고 생각해 수치스런 비난은 기피하고 해야 할 일(to ergon)은 온몸으로 감내해 냈습니다(hypermeinan). 그리고 찰나와 같은 운명(tychē)의 호기(kairos)를 통해 공포가 아닌 영광의 절정(akmēi tēs doxēs)에서 자신을 해방시켰던 것입니다.[31]

43

이렇게 해서 이분들은 이 나라에 어울리는 삶을 살다 가셨습니다. 한편 살아남은 사람들은 의당 위험에 덜 처하게 되길 기원해야 하겠지만 그렇다고 해서 전장에 나간다면 용기에 있어 그들보다 덜한 생각을 가져서는 안 됩니다. 그분들이 기여하신 것을(ōphelian) 말로만 기려서는 안 될 것입니다. 적을 격퇴함으로써 얻어지는 모든 유익(agtha)함에 대해서는 누구라도 여러분들에게 오래도록 이야기할 수 있습니다. 사실 그것은 여러분들도

---

31 최후를 맞이했다는 의미. 추도연설임에도 사후세계에 대한 언급이 전혀 없다는 것도 주목할 만한 일이다. Dover, *Greek Popular Morality*, Oxford, 1974, p. 266 참조.

저 못지않게 잘 알고 있습니다. 오히려 여러분들은 이 나라의 힘을 하루하루 [말이 아닌] 행동으로 (ergō) 기리고, 그것을[32] 사랑하는 사람이 되어야 합니다(kai erastas gignomenous autēs). 그리고 이 나라가 위대하다고 생각하게 되었을 때 여러분들은 이점을 명심해야 합니다. 즉, 이것들을 획득한 사람들은 용감했고, 소임을 알고 있었으며 행동에 있어 수치[가 무엇인지]를 아는 사람들이었음을 말입니다. 또 자신들이 뜻한 바가 실패로 돌아가도, 나라가 자신들의 덕을 빼앗아 갔다고 여기지 않고 오히려 최선의 헌신[33]을 나라에 바친 것이라고 여겼던 사람들이었음을. |2| 그들은 공적으로(koinēi) 몸을 바친 대신, 개인적으로는(idiai) 불후의 찬사와 가장 특별한 유택(taphos)을 받았습니

32 여성 2격 '그것(autēs)'은 나라(polis) 또는 나라의 힘(dynamis)을 가리킨다. 만약 '그것'을 나라의 '힘'을 가리키는 것으로 본다면 페리클레스가 국민들에게 패권국가에 대한 애국주의적 충정을 요구하고 있는 측면이 매우 강하게 부각된다. 그러나 '그것'이 가리키는 것이 양쪽 무엇이건 간에 국가가 그 정치 행위의 대상으로서 국민을 사랑하는 것이 우선 강조되지 않고, 국민으로 하여금 국가에 대한 사랑을 요구하고 있다는 것은 그 자체로 페리클레스의 제국주의적 정치 이념과 플라톤의 배려주의적 정치 이념 간의 차이를 극명하게 보여 주는 것이라 할 것이다. 43의 문맥은 전체적으로 이러한 애국주의적 충정에 대한 요구로 채워져 있다.

33 최선의 헌신(kalliston eranon). eranos는 원래 여럿이 함께하는 만찬, 소풍 등을 의미하다 점차 친교 모임의 뜻으로 쓰였으나 후대에 가선 아무런 대가를 바라지 않는, 여러 사람들의 호의에 기초한 무상 출연을 의미하는 것으로 많이 쓰였다. 이 또한 페리클레스적 제국이 요구하는 애국주의적 충정을 담고 있는 문맥이다. S. Hornblowers(1991) pp. 311-312 참고.

다. 이 유택은 [단순히 누가] 누워 있는 곳이 아니라, 그들의 영광이 남아, 때가 되면 언제라도 말이나 행동으로 그들을 상기하게 하는 곳입니다. |3| 사실상 특출한 인물에게는 모든 땅이 다 유택입니다. 여기 고향 땅에 있는 묘비의 비문만 그 표시가 되는 것이 아니라 고향이 아닌 곳에 가더라도 실제보다는(ē tou ergou) 마음(gnōmē)에 새겨진 보이지 않는 기억이 각각의 사람들 사이에 살아 있기 때문입니다. |4| 여러분들이 지금 이분들을 선망하고 있다면, 그리고 행복이 자유이고 자유가 용기(to eupsychon)임을 깨닫고 있다면 여러분들은 전쟁의 위험을 관망하기만 해서는 안 됩니다(mē periorasthe). |5| 왜냐하면 [전쟁의 위험이 닥쳤을 때] 목숨을 초개와 같이 버리는(apheideō) 사람들이란, 잘 살 희망조차 없는 비루한 사람들(hoi kakopragoutes)이라기보다는, 오히려 자칫 [전쟁에서] 지면 처지가 역전되고 상황도 완전히 달라져 살아 봤자 여전히 생활이 위태로워지는 그런 사람들일 수밖에 없기 때문입니다. |6| 적어도 용기 있는(phronēma) 사람에게는 공적인 소망으로 온 힘을 다해 [싸우다][34] 자기도 모르는 사이에 맞이하는 죽음보다 비굴하게 살다가

---

34 '힘이 절정에 있을 때(when he is at the height of power)'의 의미로 새기는 사람(S. Hornblowers)도 있다. 그렇게 해석하면 이 문맥은 행복과 용기를 일치시키고 있는 앞의 문맥과 이어지면서 혈기왕성한 젊은이들의 죽음을 애국주의의 이름으로 합리화하는 측면을 드러내고 있다. S. Hornblowers(1991)

맞이하는 치욕(kakōsis)이 훨씬 더 고통스러운 것(algeinotera)입니다.

44

이러한 이유 때문에 저는 이 자리에 계신 [전몰자의] 부모님들께 애도를 표하기(olophuromai)보다는 오히려 격려의 말씀을 드리고자 합니다(paramuthēsomai). 사실 부모님들께선 [그들이] 갖은 풍파 속에서(en polytropois xymphorais) 커 왔음을 알고 계십니다. 그런데 행운(to eutyches)이란 여기 이 전몰자들과 같이 가장 고귀한 최후를 손에 넣었을 경우를, [또는] 여러분들과 같이 가장 고귀한 슬픔을 손에 넣었을 경우를 말합니다. 그들에게는 삶이 행복한 것으로 할당된 것(xymmethrēthē)과 같이 죽는 것 또한 행복한 것으로 할당되었습니다.[35] |2| 저는 이것이 받아들이기 힘든 것임을 알고 있습니다. 다른 사람들의 행운들에서 한때

p. 312 참조.

35 to d' eutyches, hoi an tēs euprepestatēs lachōsin, hōsper hoide men nyn, teleutēs, hymeis de lupēs, kai hois eneudaimonēsai te ho bios homoiōs kai enteleutēsai xynemetrēthē. "그리고 행운이란 이 전몰자들과 같이, 가장 고귀한 최후를 손에 넣었을 경우입니다. 여러분들이 손에 넣은 것은 슬픔이었지만, 그들 전몰자들에게 있어서는 인생은 사는 것과 죽는 것이 동일하게 균형 잡혀 있어 행복한 것입니다(삶의 몫이 행복했던 것과 동일하게 죽음의 몫 또한 행복했던 것입니다)"라고도 옮길 수 있다.

186

여러분들 자신이 누렸던 것들을 보게 되면 여러분들은 종종 잃은 것이 생각날 것입니다.[36] 슬픔이 생겨나는 것은, 좋은 것들 중(agathōn) 해 본 적이 없는 것을 빼앗겼을 때가 아니라, 평소 늘 접하던 것이 사라졌을 때입니다. |3| 그러나 아직 출산이 가능한 연령에 있는 사람들은 다른 자식들이 태어나길 고대하며 의연히 견뎌 내야만 합니다(katerein). 왜냐하면 나중에 태어나는 자식들은 사적으로는 죽은 자식들(tōn ouk ontōn)을 잊게 해 주며, 나라로서도 인구가 줄어드는 것(erēmousthai)을 막고 동시에 안보(asphaleiai)를 도모하는 이중의 이익을 가져다줄 것이기 때문입니다. 사실 자식들을 [나라에] 바쳐 똑같이 위험을 감내하고자 하지 않는 사람들이 평의회에 참여한다는 것(bouleusthai)은 공평하지도 않고 정의롭지도 않기 때문입니다. |4| 그러나 이미 연로한 분들(hosoi parēbēkate)은 인생 대부분을 살아오면서 [자식들과 함께 사는] 행운을 얻었다고 여기고, 여생이 [슬프다고 해 봐야] 얼마 남지 않았다고 생각하고 여기 잠든 자식들의 명성으로 맘 편히 사시기 바랍니다(kouphizesthe). 왜냐하면 명예를 사랑하는 마음(philotimon)만은 늙는 일이 없는 데다 아무짝에도 쓸모없는 나이가 되면, 사람들이 이야기하듯이, 이득을 보는 일

---

36 hōn kai pollakis hexete hypomnēmata en allōn eutychiais, hais pote kai autoi ēgallesthe. 직역하면 "다른 사람들의 행운에서는 여러분은 한때 여러분 자신이 누렸던 것에 대한 기억을 상기시키는 것이 있을 것입니다"이다.

은 그다지 기쁨이 되지 않는 반면 존경받는 것(timasthai)이 바로 기쁨이 되기 때문입니다.

45

그러나 이 자리에 계신 전몰자의 자식들과 형제들에게서 저는 [전몰자들과의] 경쟁을 크게 의식하고 있음을 보고 있습니다(horō megan ton agon).[37] 왜냐하면 으레 사람들은 다 전몰자들을 칭송하기 마련이어서, 여러분들의 경우 용기에 있어서 거의 비슷하게 뛰어나다 해도 같지는 않고 약간 뒤진다고 판정될 것이기 때문입니다. 사실 살아[남은] 자들에게는 경쟁심(to antipalon)에서 나오는 질투가 있을 수 있지만 [전몰자들]은 그런 것에 구애를 받지 않아(mē empodōn), 경쟁심과 무관하게 호의로써(eunoiai) 존경을 받는 것입니다. |2| 그리고 만약 이제 과부(chēreios)로 살아갈 사람들에게 뭔가 여성(gyunaikeios)의 덕을 일깨워 주지 않으면 안 된다고 한다면, 저는 짧은 충고 [한마디]로 [말하고자 하는] 모든 것을 보여 주고자 합니다(sēmanō). 즉,

---

37 paisi d' au hosoi tōnde pareste ē adelphois horō megan ton agōna. "저는 보기에, 이 자리에 계신 전몰자의 자식들과 형제들은 [전몰자들과의] 경쟁을 중요하게 생각하고 있습니다"라고도 옮길 수 있다(전몰자들과 같은 평판을 얻지 못하면 어쩔까 하여 자신도 그에 못지않은 평판을 얻으려고 경쟁 의식을 갖는 것을 의미함).

여러분의 본성에 맞는 정도보다 뒤지지만 않는다면, 또 덕에 대해서건 결함에 대해서건 남자들 사이에서 소문나는 일(kleos)이 아주 적다면 그것으로 큰 명예(doxa)가 된다는 것을 말입니다.[38]

46

저는 관습에 따라 필요하다고 여겨지는 것을 연설을 통해 (logō) 말씀드렸습니다. 그리고 매장될 분들은 이미 [제례]행위를 통해(ergō) 잘 치장되었습니다(kekosmēntai). 또 그들의 자식들은 앞으로 어른이 될 때까지 나라가 국비로(dēmosiai) 보살필 것입니다(therpsei). 이것은 앞서 언급한 [고난에 찬] 싸움(agōn)에 대한 보은의 관(ōphelimon stephanon)으로서 나라가 전몰자들과 유족분들에게 드리는 것입니다. 실로 용맹에 있어 최대의 상을 받은 사람들이 누워 계신 이곳에서, 또 최상의 사람들이 시민으로서 생활을 영위하고 있는 것입니다. |2| 자, 이제 각자의 친족들에 대한 추도의 예가 이루어졌으니 해산들 하십시오."

---

38 이 부분은 페리클레스의 여성관을 보여 준다기보다는 '여자가 있어야 할 곳은 집 안'이라는 당시의 일반적인 생각에 기초한 충고일 것이다. S. Hornblowers(1991) p. 314 참조.

사단법인 정암학당을 후원해 주시는 분들

정암학당의 연구와 역주서 발간 사업은 연구자들의 노력과 시민들의 귀한 뜻이 모여 이루어집니다. 학당의 모든 연구는 시민들의 자발적인 후원을 바탕으로 하기 때문입니다. 그 결실을 담은 '정암고전총서'는 연구자와 시민의 연대가 만들어 내는 고전 번역 운동의 산물이라고 할 수 있습니다. 이 같은 학술 운동의 역사적 의미를 기리고자 이 사업에 참여한 후원회원 한 분 한 분의 정성을 이 책에 기록합니다.

평생후원회원

Alexandros Kwanghae Park 강대진 강상진 강선자 강성훈 강순전 강창보
강철웅 고재희 권세혁 권연경 기종석 길명근 김경랑 김경현 김기영
김남두 김대오 김미성 김미옥 김상기 김상수 김상욱 김상현 김석언
김석준 김선희(58) 김성환 김숙자 김영균 김영순 김영일 김영찬 김운찬
김유순 김 율 김은자 김인곤 김재홍 김정락 김정란 김정례 김정명
김정신 김주일 김진성 김진식 김출곤 김 헌 김현래 김현주 김혜경
김혜자 김효미 류한형 문성민 문수영 문종철 박계형 박금순 박금옥
박명준 박병복 박복득 박상태 박선미 박세호 박승찬 박윤재 박정수
박정하 박종민 박종철 박진우 박창국 박태일 박현우 반재환 배인숙
백도형 백영경 변우희 서광복 서 명 설현석 성중모 손성석 손윤락
손효주 송경순 송대현 송성근 송순아 송유레 송정화 신성우 심재경
안성희 안 욱 안재원 안정옥 양문흠 양호영 엄윤경 여재훈 염수균
오서영 오지은 오흥식 유익재 유재민 유태권 유 혁 윤나다 윤신중
윤정혜 윤지숙 은규호 이기백 이기석 이기연 이기용 이두희 이명호
이미란 이민숙 이민정 이상구 이상원 이상익 이상인 이상희(69) 이상희(82)
이석호 이순이 이순정 이승재 이시연 이영원 이영호(48) 이영환 이옥심
이용술 이용재 이용철 이원제 이원혁 이유인 이은미 이임순 이재경
이정선(71) 이정선(75) 이정숙 이정식 이정호 이종환(71) 이종환(75) 이주형 이지수
이 진 이창우 이창연 이창원 이충원 이춘매 이태수 이태호 이필렬
이향섭 이향자 이황희 이현숙 이현임 임대윤 임보경 임성진 임연정
임환균 장경란 장동익 장미성 장영식 전국경 전병환 전헌상 전호근
정선빈 정세환 정순희 정연교 정 일 정정진 정제문 정준영(63) 정준영(64)
정태흡 정해남 정흥교 정희영 조광제 조대호 조병훈 조익순 지도영
차경숙 차기태 차미영 최 미 최세용 최수영 최병철 최영임 최영환
최운규 최원배 최윤정(77) 최은영 최인규 최지호 최 화 표경태 풍광섭
하선규 하성권 한경자 한명희 허남진 허선순 허성도 허영현 허용우
허정환 허지현 홍섬의 홍순정 홍 훈 황규빈 황유리 황희철
나와우리〈책방이음〉   도미니코 수도회   도바세   방송대문교소담터스터디
방송대영문과07 학번미아팀   법률사무소 큰숲   부북스출판사(신현부)
생각과느낌 정신건강의학과   이제이북스   카페 벨라온

개인 240, 단체 10, 총 250

후원위원

강성식	강승민	강용란	강진숙	강태형	고명선	곽삼근	곽성순	구미희
길양란	김경원	김나윤	김대권	김명희	김미란	김미선	김미향	김백현
김병연	김복희	김상봉	김성민	김성윤	김순희(1)	김승우	김양희(1)	김양희(2)
김애란	김영란	김용배	김윤선	김정현	김지수(62)	김진숙(72)	김현제	김형준
김형희	김희대	맹국재	문영희	박미라	박수영	박우진	백선옥	사공엽
서도식	성민주	손창인	손혜민	송민호	송봉근	송상호	송연화	송찬섭
신미경	신성은	신영옥	신재순	심명은	오현주	오현주(62)	우현정	원해자
유미소	유형수	유효경	이경진	이광영	이명옥	이봉규	이봉철	이선순
이선희	이수민	이수은	이승목	이승준	이신자	이은수	이재환	이정민
이주완	이지희	이진희	이평순	이한주	임경미	임우식	장세백	전일순
정삼아	정현석	조동제	조문숙	조민아	조백현	조범구	조성덕	조정희
조준호	조진희	조태현	주은영	천병희	최광호	최세실리아		최승렬
최승아	최정옥	최효임	한대규	허 민	홍순혁	홍은규	홍정수	황정숙
황훈성	정암학당1년후원							

문교경기〈처음처럼〉 　　　　문교수원3학년학생회 　　　　문교안양학생회
문교경기8대학생회 　　　　문교경기총동문회 　　　　문교대전충남학생회
문교베스트스터디 　　　　문교부산지역7기동문회 　　　　문교부산지역학우일동(2018)
문교안양학습관 　　　　문교인천동문회 　　　　문교인천지역학생회
방송대동아리〈아노도스〉 　　　　방송대동아리〈예사모〉 　　　　방송대동아리〈프로네시스〉
사가독서회

개인 118, 단체 16, 총 134

후원회원

강경훈	강경희	강규태	강보슬	강상훈	강선옥	강성만	강성심	강신은
강유선	강은미	강은정	강임향	강주완	강창조	강 항	강희석	고경효
고복미	고숙자	고승재	고창수	고효순	곽범환	곽수미	구본호	구익희
권 강	권동명	권미영	권성철	권순복	권순자	권오성	권오영	권용석
권원만	권장용	권정화	권해명	김경미	김경원	김경화	김광석	김광성
김광택	김광호	김귀녀	김귀종	김길화	김나경(69)	김나경(71)	김남구	김대겸
김대훈	김동근	김동찬	김두훈	김 들	김래영	김명주(1)	김명주(2)	김명하
김명화	김명희(63)	김문성	김미경(61)	김미경(63)	김미숙	김미정	김미형	김민경
김민웅	김민주	김범석	김병수	김병옥	김보라미	김봉습	김비단결	김선규
김선민	김선희(66)	김성곤	김성기	김성은(1)	김성은(2)	김세은	김세원	김세진
김수진	김수환	김순금	김순옥	김순호	김순희(2)	김시형	김신태	김신판
김승원	김아영	김양식	김영선	김영숙(1)	김영숙(2)	김영애	김영준	김옥경
김옥주	김용술	김용한	김용희	김유석	김은미	김은심	김은정	김은주
김은파	김인식	김인애	김인욱	김인자	김일학	김정식	김정현	김정현(96)
김정화	김정훈	김정희	김종태	김종호	김종희	김주미	김중우	김지수(2)

김지애	김지열	김지유	김지은	김진숙(71)	김진태	김철한	김태식	김태욱
김태헌	김태희	김평화	김하윤	김한기	김현규	김현숙(61)	김현숙(72)	김현우
김현정	김현정(2)	김현철	김형규	김형전	김혜숙(53)	김혜숙(60)	김혜원	김혜정
김홍명	김홍일	김희경	김희성	김희준	나의열	나춘화	남수빈	남영우
남원일	남지연	남진애	노마리아	노미경	노선이	노성숙	노혜경	도종관
도진경	도진해	류다현	류동춘	류미희	류시운	류연옥	류점용	류종덕
류진선	모영진	문경남	문상흠	문순혁	문영식	문정숙	문종선	문준혁
문찬혁	문행자	민 영	민용기	민중근	민해정	박경남	박경수	박경숙
박경애	박귀자	박규철	박다연	박대길	박동심	박명화	박문영	박문형
박미경	박미숙(67)	박미숙(71)	박미자	박미정	박배민	박보경	박상선	박상준
박선대	박선희	박성기	박소운	박순주	박순희	박승억	박연숙	박영찬
박영호	박옥선	박원대	박원자	박윤하	박재준	박정서	박정오	박정주
박정은	박정희	박종례	박주현	박준용	박지영(58)	박지영(73)	박지희	박진만
박진현	박진희	박찬수	박찬은	박춘례	박한종	박해윤	박헌민	박현숙
박현자	박현정	박현철	박형전	박혜숙	박홍기	박희열	반덕진	배기완
배수영	배영지	배제성	배효선	백기자	백선영	백수영	백승찬	백애숙
백현우	변은섭	봉성용	서강민	서경식	서동주	서두원	서민정	서범준
서승일	서영식	서옥희	서용심	서월순	서정원	서지희	서창립	서회자
서희승	석현주	설진철	성 염	성윤수	성지영	소도영	소병문	소선자
손금성	손금화	손동철	손민석	손상현	손정수	손지아	손태현	손혜정
송금숙	송기섭	송명화	송미희	송복순	송석현	송염만	송요중	송원욱
송원희	송유철	송인애	송태욱	송효정	신경원	신기동	신명우	신민주
신성호	신영미	신용균	신정애	신지영	신혜경	심경옥	심복섭	심은미
심은애	심정숙	심준보	심희정	안건형	안경화	안미희	안숙현	안영숙
안정숙	안정순	안진구	안진숙	안화숙	안혜정	안희경	안희돈	양경엽
양미선	양병만	양선경	양세규	양예진	양지연	엄순영	오명순	오승연
오신명	오영수	오영순	오유석	오은영	오진세	오창진	오혁진	옥명희
온정민	왕현주	우남권	우 람	우병권	우은주	우지호	원만희	유두신
유미애	유성경	유정원	유 철	유향숙	유희선	윤경숙	윤경자	윤선애
윤수홍	윤여훈	윤영미	윤영선	윤영이	윤 옥	윤은경	윤재은	윤정만
윤혜영	윤혜진	이건호	이경남(1)	이경남(72)	이경미	이경선	이경아	이경옥
이경원	이경자	이경희	이관호	이광로	이광석	이군무	이궁훈	이권주
이나영	이다영	이덕제	이동래	이동조	이동춘	이명란	이명순	이미옥
이병태	이복희	이상규	이상래	이상봉	이상선	이상훈	이선민	이선이
이성은	이성준	이성호	이성훈	이성희	이세준	이소영	이소정	이수경
이수련	이숙희	이순옥	이승훈	이시현	이아람	이양미	이연희	이영숙
이영신	이영실	이영애	이영애(2)	이영철	이영호(43)	이옥경	이용숙	이용웅
이용찬	이용태	이원용	이윤주	이윤철	이은규	이은심	이은정	이은주
이이숙	이인순	이재현	이정빈	이정석	이정선(68)	이정애	이정임	이종남

이종민　이종복　이중근　이지석　이지현　이진아　이진우　이창용　이철주
이춘성　이태곤　이평식　이표순　이한솔　이현주(1)　이현주(2)　이현호　이혜영
이혜원　이호석　이호섭　이화선　이희숙　이희정　임석희　임솔내　임정환
임창근　임현찬　장모범　장시은　장영애　장영재　장오현　장지나　장지원(65)
장지원(78)　장지은　상철형　장태순　장홍순　전경민　전다록　전미래　전병덕
전석빈　전영석　전우성　전우진　전종호　전진호　정가영　정경희　정계란
정금숙　정금연　정금이　정금자　정난진　정미경　정미숙　정미자　정상묵
정상준　정선빈　정세영　정아연　정양민　정양욱　정 연　정연화　정영목
정옥진　정용백　정우정　정유미　정은정　정일순　정재웅　정정녀　정지숙
정진화　정창화　정하갑　정은교　정해경　정현주　정현진　정호영　정환수
조권수　조길자　조덕근　조미선　조미숙　조병진　조성일　조성혁　조수연
조영래　조영수　조영신　조영연　조영호　조예빈　조용수　조용준　조윤정
조은진　조정란　조정미　조정옥　조증윤　조창호　조현희　조황호　주봉희
주연옥　주은빈　지정훈　진동성　차문송　차상민　차혜진　채수환　채장열
천동환　천명옥　최경식　최명자　최미경　최보근　최석묵　최선회　최성준
최수현　최숙현　최영란　최영순　최영식　최영아　최원옥　최유숙　최유진
최윤정(66)　최은경　최일우　최자련　최재식　최재원　최재혁　최정욱　최정호
최종희　최준원　최지연　최혁규　최현숙　최혜정　하승연　하혜용　한미영
한생곤　한선미　한연숙　한옥희　한윤주　한호경　함귀선　허미정　허성준
허 양　허 웅　허인자　허정우　홍경란　홍기표　홍병식　홍성경　홍성규
홍성은　홍영환　홍은영　홍의중　홍지흔　황경민　황광현　황미영　황미옥
황선영　황신해　황예림　황은주　황재규　황정희　황주영　황현숙　황혜성
황희수　kai1100　익명

리테라 주식회사　　　　　　　문교강원동문회　　　　　　문교강원학생회
문교경기〈문사모〉　　　　　　문교경기동문〈문사모〉　　　문교서울총동문회
문교원주학생회　　　　　　　문교잠실송파스터디　　　　문교인천졸업생
문교전국총동문회　　　　　　문교졸업생　　　　　　　　문교8대전국총학생회
문교11대서울학생회　　　　　문교K2스터디　　　　　　　서울대학교 철학과 학생회
(주)아트앤스터디　　　　　　영일통운(주)　　　　　　　장승포중앙서점(김강후)
책바람

개인 687, 단체 19, 총 706

2021년 9월 17일 현재, 1,045분과 45개의 단체(총 1,090)가 정암학당을 후원해 주고 계십니다.

▌옮긴이

이정호

한국방송통신대학교 문화교양학과 교수로 재직하다 정년퇴임하였다. 현재 그리스 로마 원전을 연구하는 사단법인 정암학당 이사장으로 있다.

정암고전총서는 정암학당과 아카넷이 공동으로 펼치는 고전 번역 사업입니다.
고전의 지혜를 공유하여 현재를 비판하고 미래를 내다보는 안목을 키우는
문화적 기반을 마련하고자 합니다.

정암고전총서 플라톤 전집

메넥세노스

1판 1쇄 찍음 2021년 10월 13일
1판 1쇄 펴냄 2021년 11월 2일

지은이 플라톤
옮긴이 이정호
펴낸이 김정호

책임편집 이하심
디자인 이대응

펴낸곳 아카넷
출판등록 2000년 1월 24일(제406-2000-000012호)
주소 10881 경기도 파주시 회동길 445-3 2층
전화 031-955-9510(편집) · 031-955-9514(주문)
팩스 031-955-9519
www.acanet.co.kr

ISBN 978-89-5733-749-3 94160
      978-89-5733-634-2 (세트)